Schriften des deutschen Vereins

für

Armenpflege und Wohlthätigkeit.

Einundvierzigstes Heft.

Erstattung von Unterstützungen durch die Unterstützten selbst und durch ihre Angehörigen.
Von E. Münsterberg und Ludwig-Wolf.

Leipzig,
Verlag von Duncker & Humblot.
1899.

Erstattung

von

Unterstützungen durch die Unterstützten selbst und durch ihre Angehörigen.

Von

Stadtrat Dr. jur. E. **Münsterberg** und Stadtrat **Ludwig-Wolf**
in Berlin. in Leipzig.

Leipzig,
Verlag von Duncker & Humblot.
1899.

Alle Rechte vorbehalten.

Pierer'sche Hofbuchdruckerei Stephan Geibel & Co. in Altenburg.

I.

Hauptbericht,

erstattet von

E. Münsterberg,
Stadtrat in Berlin.

Erstattung von Unterstützungen durch die Unterstützten selbst und durch ihre Angehörigen.

1. Einleitung.

Der in der Überschrift bezeichnete Gegenstand kann von der juristischen und von der pflegerischen Seite, oder auch von beiden Seiten zugleich behandelt werden. Der Vorstand des Vereins hat, als er ihn zur diesjährigen Erörterung zu stellen beschloß, die erstgenannte, die praktische Seite vorzugsweise im Auge gehabt. In früheren Berichten betr. Zwangsmaßregeln gegen nährpflichtige Angehörige und in der der diesjährigen Versammlung vorliegenden Arbeit über den Einfluß des B. G.=B. auf die Armenpflege ist die juristische Seite der Frage hinreichend behandelt. Es bestehen bestimmte Ansprüche der Armenverwaltungen an die Unterstützten und ihre Angehörigen auf Grund von Gesetzen; es sind bestimmte Formen für ihre Geltendmachung im Wege des Verwaltungsverfahrens oder des ordentlichen Rechtsweges vorgeschrieben. Auch hat das Ausführungsgesetz zum B. G.=B. in den Art. 103 und 139 ausdrücklich bestimmt, daß die landesgesetzlichen Vorschriften über die Ersatzansprüche der Armenverbände und das ihnen zustehende gesetzliche Erbrecht unberührt bleiben. Diese gesetzlichen Bestimmungen geben aber, wie Verwaltungspraktiker wissen, keineswegs die Möglichkeit, den Anspruch ohne weiteres durchzusetzen, weil gerade aus Gesichtspunkten praktischer Armenpflege sehr vielfach der Rechtsanspruch durch Billigkeit gemindert oder ganz zurückgestellt werden muß. Vielfach fehlt es hierbei an festen Normen, ja überhaupt an einer festen Verwaltungspraxis. So besteht denn der Wunsch, sich über diese andere Seite der Unterstützungsansprüche, die ich die pflegerische Seite nenne, etwas klarer zu werden und zum mindesten den Versuch zu machen, ob sich aus der bisherigen Übung festere Grundsätze gewinnen lassen.

In diesem Sinne beschränkt sich die folgende Darstellung unter Benutzung des durch Umfrage erlangten thatsächlichen Materials auf die Feststellung, welche Praxis sich bei den Armenverwaltungen ausgebildet hat, welche allgemeinen Normen hiervon abgeleitet werden können. Vielleicht an keiner Stelle tritt so lebhaft der Gegensatz von Gesetz und Ausführung des Gesetzes in die Erscheinung, was namentlich bemerkenswert ist im Verhältnis zu den Unterstützungsansprüchen der Armenverbände unter einander und der Ansprüche der Armenverbände an Krankenkassen, Berufsgenossenschaften u. s. w., bei denen die Vollstreckung gesetzlicher Ansprüche, unbeschadet etwaiger im Rechtswege auszutragender Streitigkeiten, in den Personen der Verpflichteten keinen Schwierigkeiten begegnet.

In den folgenden Erörterungen wird, abgesehen von kürzeren, im Zusammmenhange notwendigen Rechtserörterungen, das Schwergewicht auch deshalb mehr auf die praktische, die pflegerische Seite gelegt werden können, weil das formelle Verfahren wegen Heranziehung der Angehörigen auf Grund eines Verwaltungszwangsverfahrens, wie es der § 65 des Preuß. Ausführungsgesetzes zuläßt, von dem Korreferenten näherer Betrachtung unterzogen wird.

Zur Vorbereitung des Berichts hatte ich an sämtliche Städte mit mehr als 20 000 Einwohnern die folgende Umfrage gerichtet:

Fragebogen.

Vorbemerkung.

Bei Erörterung der ganzen Frage wird von der Voraussetzung ausgegangen, daß die im Wege der öffentlichen Armenpflege gewährte Unterstützung unter allen Umständen als Vorschuß gilt, die von den Unterstützten bei hinreichendem Vermögen zurückzuerstatten ist, — daß ferner die zum Unterhalt verpflichteten und fähigen Angehörigen die Fürsorge für einen unterstützten Angehörigen zu übernehmen oder die ihm gewährten Unterstützungen der Armenkasse zu erstatten haben, — und daß endlich nach Maßgabe des B. G.=B. vom 1. Januar 1900 ab als unterstützungspflichtige Angehörige nur die Eltern, die Kinder, die Ehegatten, sowie der außereheliche Vater in Betracht fallen, während die landesgesetzlich bisher bestandene Verpflichtung der Geschwister in Fortfall kommt. Es wird sich daher die Beantwortung der Frage wesentlich um den **Umfang** der Erstattung und die **Form** der Einziehung handeln, wobei auf der einen Seite die sociale Bedeutung des Familienzusammenhanges, auf der anderen Seite die Vermeidung wirtschaftlicher Schädigung der Angehörigen zu Gunsten der Armenkasse zu würdigen sein wird. Mit dieser Maßgabe wird es sich im wesentlichen um folgende Gesichtspunkte handeln:

I. Erstattung durch den Unterstützten selbst.

A. Unter Lebenden.

Kosten der Krankenpflege.

Sind sie unmittelbar nach Verlassen der Anstalt einzuziehen, sofort ganz oder teilweise niederzuschlagen?

Ist eine angemessene Zeit bis zu ihrer Wiedereinziehung abzuwarten?

Formales Verfahren.

Andere Unterstützungen.

Welche Veränderung in den Vermögens- und Einkommensverhältnissen rechtfertigt die Rückforderung von Unterstützungen?

Anstaltspflege für Personen, die Alters-, Invaliden-, Unfallrente oder Pensionen von Staat, Gemeinde u. s. w. beziehen. Werden diese Bezüge von der Armenverwaltung eingezogen oder werden Teile der Bezüge belassen?

Insbesondere das formale Verfahren gegenüber den Versicherungsanstalten, Berufsgenossenschaften und sonstigen Körperschaften.

B. Von Todes wegen.

Neben dem selbstverständlichen Recht der Armenverwaltung, etwaige Nachlässe in Höhe ihres wirklichen Aufwandes in Anspruch zu nehmen, besteht vielfach landesgesetzlich ein Erbrecht in den Nachlaß des Unterstützten. Welche Voraussetzungen gelten hierfür? Besondere Bekanntmachung bei Beginn der dauernden Unterstützung. Eintritt in eine Anstalt. Die Fortdauer der Unterstützung während längerer Zeiträume u. s. w.?

Behandlung der Sterbegelder, Totenladen und dergleichen.

Wird die Ausrichtung eines besseren Begräbnisses, als die Armenverwaltung gewähren würde, zugelassen, oder wenn das Begräbnis durch die Angehörigen erfolgt, der den Kosten eines Armenbegräbnisses entsprechende Betrag vergütet?

Formelle Sicherung der Ansprüche aus dem Sterbegeld.

Wird unter Umständen auf den Nachlaß verzichtet, z. B. zu Gunsten der Witwe, der Kinder, oder von Personen, die den Unterstützten ...... gepflegt haben. Wird insbesondere für hinterbliebene Kinder das Ganze oder ein bestimmter Teil freigelassen?

II. Erstattung durch Angehörige.

Besteht ein dem § 65 des Preußischen Ausführungsgesetzes ähnliches Verwaltungsverfahren? Wird mangels eines solchen die Erstattung im Wege des Civilprozesses betrieben? Werden zur Durchführung des Verfahrens andere Behörden in Anspruch genommen; werden Versuche gemacht, Angehörige, die in ausländischen Staaten wohnen, durch Vermittelung der Gesandtschaften oder Konsulate heranzuziehen?

Wird neben der strafrechtlichen Verfolgung (§ 361[10] Str.-G.-B.) auch der Erstattungsanspruch geltend gemacht? Werden die Unterstützten in erster Linie angehalten, gegen ihre Angehörigen auf Gewährung des Unterhalts vorzugehen?

Werden die Angehörigen in erster Linie zur Uebernahme ihres Angehörigen in eigene Fürsorge angehalten, oder wird unter gleichzeitiger Fortzahlung der Unterstützung nur der Erstattungsanspruch ganz oder teilweise verfolgt?

Werden die verschiedenen Kategorien von Angehörigen verschieden behandelt, z. B. der Ehemann und der Vater gegenüber Ehefrauen und Kindern strenger als Kinder gegenüber Eltern?

Wenn Angehörige nachträglich zu Vermögen gelangen, werden sie auch für frühere Unterstützung haftbar gemacht, oder sind sie nur von dem Zeitpunkt an verpflichtet, von dem ab sie in der Lage waren, die Fürsorge zu übernehmen?

Insbesondere:

A. Der Ehemann.

Wird der geschiedene, aber nicht für schuldig erklärte Ehemann herangezogen, wenn die Kinder sich bei der unterstützten Mutter befinden?

Wird statt direkten Vorgehens gegen den Ehemann die Ehefrau angehalten, selbständig gegen den Mann in der Weise vorzugehen, daß sie zunächst die Befugnis erwirkt, von ihm getrennt zu leben und er zur Leistung des Unterhalts (etwa im Wege der einstweiligen Verfügung) verpflichtet wird, und im weiteren Verlauf so, daß die Ehefrau veranlaßt wird, die Scheidung von dem Manne zu erwirken.

B. Eltern gegenüber unselbständigen Kindern.

Verpflichtung der Eltern, zu den Kosten der Unterbringung der Kinder außerhalb des elterlichen Haushalts beizutragen, namentlich für Kosten der Anstaltspflege bei gebrechlichen Kindern.

C. Eltern gegenüber selbständigen Kindern.

Inwieweit werden die Eltern als erstattungspflichtig erachtet, wenn es sich um Kinder handelt, die wirtschaftlich völlig selbständig sind; ferner, wenn sie den elterlichen Haushalt verlassen haben; endlich, wenn sie nachweislich den Eltern schon vielfach Kosten verursacht haben, unverbesserliche Müßiggänger, Trunkenbolde, Dirnen u. s. w. sind, von denen sich die Eltern losgesagt haben.

D. Kinder gegenüber Eltern.

1. Kinder im Haushalt.

Die Frage gehört eigentlich in das Gebiet der unmittelbaren Unterstützung insofern, als die Höhe der Unterstützung davon abhängig gemacht werden muß, wie hoch das Einkommen der sämtlichen im Haushalte befindlichen Angehörigen ist. Doch interessiert die Frage auch hier, weil es wichtig ist, darüber gewisse Grundsätze aufzustellen, welche Beiträge zu dem gemeinschaftlichen Haushalt man billiger Weise von selbsterwerbenden Kindern verlangen darf. Sollen sie den ganzen Verdienst abgeben, oder einen angemessenen Teil für bessere Kleidung, für mäßiges Vergnügen u. s. w. zurückbehalten dürfen und genügt es, wenn sie eine angemessene Vergütung für Kost und Wohnung zahlen? Es ist hierbei zu erwägen, daß zu hoch gespannte Forderungen die Kinder leicht veranlassen, den gemeinschaftlichen Haushalt zu verlassen.

2. **Kinder, die nicht im Haushalt der Eltern leben.**

Welche Grundsätze sind für die Heranziehung aufzustellen? Bestehen ähnlich den Unterstützungssätzen auch feste, den Einkommen angepaßte Sätze für die Leistung von Beiträgen? Wird hierbei die Größe der eigenen Familie und inwieweit in Betracht gezogen? Hier wird der wirtschaftliche Gesichtspunkt zu erwägen sein, daß die Leistung von Beiträgen für Angehörige nicht die eigene Wirtschaft gefährdet.

E. **Andere Angehörige.**

Besteht die Übung, andere Angehörige, insbesondere Geschwister, aber auch entferntere Verwandte, die in günstigen Vermögensverhältnissen sich befinden, auf ihre moralische Verpflichtung zum Unterhalt ihrer Angehörigen hinzuweisen?

F. **Mehrere gleich nahe Angehörige.**

Der Fragebogen ist von nachstehenden Armenverwaltungen mit mehr oder minder großer Ausführlichkeit beantwortet worden, zum Teil unter Beifügung einigen Materials an Berichten und Formularen:

Aachen	Gera	Mannheim
Altenessen	Gießen	Mühlhausen i. Th.
Altona	Gleiwitz	Mühlheim a. Ruhr
Barmen	Gotha	Mülheim a. Rh.
Bernburg	Göttingen	M.=Gladbach
Bonn	Greifswald	Münster i. W.
Bremen	Guben	Nürnberg
Breslau	Halberstadt	Oberhausen
Bromberg	Halle	Oldenburg
Cassel	Hamburg	Potsdam
Chemnitz	Hanau	Quedlinburg
Celle	Hannover	Regensburg
Charlottenburg	Hildesheim	Rheydt
Coblenz	Hörde	Ruhrort
Coburg	Iserlohn	Schwerin a. W.
Danzig	Karlsruhe	Siegen
Dortmund	Kattowitz	Spandau
Dresden	Kiel	Stolp
Düsseldorf	Köln	Stoppenberg
Duisburg	Königsberg i. Pr.	Stuttgart
Elberfeld	Kottbus	Straßburg i. E.
Elbing	Krefeld	Thorn
Erfurt	Landsberg a. W.	Weimar
Essen	Leipzig	Weißenfels a. S.
Frankfurt a. M.	Lübeck	Wiesbaden
Frankfurt a. O.	Mainz	Witten
Freiberg i. S.	Magdeburg	Zittau.
Freiburg		

Die Darstellung wird sich am zweckmäßigsten der Folgeordnung des Fragebogens anschließen. Einige allgemeine Bemerkungen schicke ich voraus.

Zwei Punkte werden von fast allen Verwaltungen und zwar bei fast allen Arten von Unterstützungsansprüchen gleichmäßig betont. Der eine, daß eine feste Norm für Art und Umfang der Heranziehung von Angehörigen aufzustellen fast unmöglich sei, da hier pflegerische Erwägungen, Gesichtspunkte wirtschaftlicher und socialer Natur in Betracht kämen, die von Fall zu Fall gewürdigt werden müßten. Der andere, daß allen Bemühungen zum Trotz und zwar wiederum bei allen Arten von Erstattungen der Erfolg der Bemühungen sehr gering sei und die Unterstützten sowie ihre Angehörigen sich den Ansprüchen der Armenverwaltungen meist mit Erfolg zu entziehen vermöchten. Sehr regelmäßig kehrt auch die Klage über das geringe Entgegenkommen der Gerichte gegenüber den Ansprüchen der Armenverwaltungen wieder, wodurch die Heranziehung gerade der übelsten Elemente, mit denen die Armenpflege zu thun hat, aufs höchste erschwert, wenn nicht ganz vereitelt werde. Ich möchte gleich vorweg bemerken, daß diese Klage seit langen Jahren bei verwandten Gelegenheiten in den Verhandlungen des Vereins immer wieder erhoben worden ist und daß dieser Übelstand meines Erachtens nicht anders wird behoben werden können, als durch immer wiederkehrende Versuche der Aufklärung, vor allem aber durch eine zielbewußte Erziehung der Juristen zur Kenntnis der socialen Seite des öffentlichen Lebens; hieran fehlt es gerade in richterlichen Kreisen im hohen Maße, sodaß naturgemäß das formal=juristische Element, das ohnehin den Juristen leicht zur Gewohnheit wird, zum Schaden der praktischen Ergebnisse der Verwaltung in der Rechtsprechung sehr überwiegt.

2. Die einzelnen Fragen.

Vorbemerkung.

Bei Erörterung der ganzen Frage wird von der Voraussetzung ausgegangen, daß die im Wege der öffentlichen Armenpflege gewährte Unterstützung unter allen Umständen als Vorschuß gilt, die von den Unterstützten bei hinreichendem Vermögen zurückzuerstatten ist — daß ferner die zum Unterhalt verpflichteten und fähigen Angehörigen die Fürsorge für einen unterstützten Angehörigen zu übernehmen oder die ihm gewährten Unterstützungen der Armenkasse zu erstatten haben, — und daß endlich nach Maßgabe des B. G.=B. vom 1. Januar 1900 ab als unterstützungspflichtige Angehörige nur die Eltern, die Kinder, die Ehegatten, sowie der außereheliche Vater in Betracht fallen, während die landesgesetzlich bisher bestandene Verpflichtung der Geschwister in Fortfall kommt. Es wird sich daher bei Beantwortung der Frage wesentlich um den Umfang der Erstattung und die Form der Einziehung handeln, wobei auf der einen Seite die sociale Bedeutung des Familienzusammenhanges, auf der anderen Seite die Vermeidung wirtschaftlicher Schädigung der Angehörigen zu Gunsten der Armenkasse zu würdigen sein wird. Mit dieser Maßgabe wird es sich im wesentlichen um folgende Gesichtspunkte handeln:

Gegen die Voraussetzung, daß die im Wege der öffentlichen Armenpflege gewährten Unterstützungen unter allen Umständen als Vorschüsse zu gelten haben, die bei hinreichendem Vermögen zurückzuzahlen seien, richten sich die Bemerkungen verschiedener Verwaltungen, so u. a. Elberfeld, München=Gladbach, Köln, Hannover, Aachen. Aachen teilt hierüber eine ganz neuerdings am 16. 1. 99 ergangene Entscheidung der ersten Civilkammer des dortigen Landgerichts mit, aus der auszugsweise folgendes wiedergegeben wird:

„Zunächst kann der Behauptung der Klägerin, jede Armenunterstützung sei ein dem Hilfsbedürftigen gewährter Vorschuß, den er zufolge § 62 des Reichsgesetzes über den Unterstützungswohnsitz vom 6. Juni 1870 und des § 68 Preußischen Einführungsgesetzes vom 8. März 1871 zurückerstatten müsse, nicht beigetreten werden.

Die Unterstützung Hilfsbedürftiger ist vielmehr eine auf öffentlich rechtlicher Grundlage beruhende Pflicht der Orts-Armenverbände und eine Bestimmung, daß die Armenverbände schlechthin berechtigt seien, die einem Armen gewährten Unterstützungen von demselben zurückzufordern, wenn er zu Vermögen gelange, ist weder im Reichsgesetze über den Unterstützungswohnsitz vom 6. Juni 1870, noch im Preußischen Ausführungsgesetze zu demselben vom 8. März 1871 enthalten. Der Vorschlag bei der Kommissionsberatung, in den § 28 des Reichsgesetzes aufzunehmen, „daß jede einem Hilfsbedürftigen gewährte Unterstützung nur als ein Vorschuß anzusehen sei, welcher von dem Unterstützten beziehungsweise von den nach den Landesgesetzen zur Unterstützung verpflichteten Personen erstattet werden müsse," wurde abgelehnt, weil eine derartige Bestimmung nicht in das nur die öffentlichen Rechtsverhältnisse der Armenverbände zu einander regelnde Reichsgesetz gehöre. Auch eine im preußischen Regierungsentwurfe zum Ausführungsgesetze § 72 enthaltene Bestimmung: „Gegen den unterstützten Hilfsbedürftigen und dessen alimentationspflichtige Verwandte steht den Armenverbänden wegen bereits verausgabter Unterstützungskosten ein Anspruch nur insoweit zu, als dieselben schon zur Zeit der Gewährung der Unterstützung dazu vermögend waren" ist durch Beschluß beider Häuser des Landtages gestrichen worden. — Rheinisches Archiv, Band 83, 1. 54, 75. 1. 107 Reichsgerichts-Entscheidungen in Civilsachen Band 14, 197. Ein privatrechtlicher Titel, der die Klägerin zur Rückforderung berechtigen könnte, liegt auch nicht vor und ist dies auch von der Klägerin nicht behauptet worden."

Die Frage ist dennoch nicht so unzweifelhaft zu entscheiden, wie es das Aachener Gericht in der vorstehend mitgeteilten Entscheidung thut. Die Stellungnahme der Kammern ist darin nicht richtig wiedergegeben; zwar wurde der Absatz 2 des § 72 des preußischen Entwurfs vom Herrenhause gestrichen, aber nicht, weil man einen Anspruch des Armenverbandes gegen den Unterstützten gänzlich beseitigen wollte, sondern weil der Grundsatz, daß der Armenverband zur Rückforderung berechtigt sei, als geltendes Recht betrachtet wurde und man dieses nicht beseitigen wollte. Das geht klar daraus hervor, daß im Abgeordnetenhause lebhaft für die Wiederherstellung des gestrichenen Absatzes aus humanen Gründen eingetreten wurde. Es ist daher von verschiedenen Kommentatoren aus dem Zusammenhang gefolgert worden, daß eine unbedingte Erstattungspflicht in Preußen bestehe; in der bekannten Entscheidung des Obertribunals vom 20./9. 70 wird als Rechtsgrund der Erstattungspflicht die nützliche Verwendung bezeichnet.

Es kommt hinzu, daß in einer Reihe von Staaten sich die ausdrückliche Vorschrift findet, daß jede Unterstützung nur als „Vorschuß" zu betrachten ist, der bei hinreichendem Vermögen wieder zu erstatten sei, z. B. bei Sachsen, beiden Mecklenburg, Württemberg, Bremen, Hamburg u. a. m. Im Entwurf eines hessischen Ausführungsgesetzes zum B.G.B. wird der Ersatzanspruch an den Unterstützten ausdrücklich aufrecht erhalten, jedoch mit der Einschränkung, daß diese Geltendmachung von der Zustimmung des mit den Verhältnissen vertrauten Kreisausschusses abhängig gemacht wird, „damit nicht durch eine rücksichtslose Durchführung des Anspruches ein im Emporkommen begriffener Unterstützter in die frühere Lage zurückgeworfen wird."

Von pflegerischen und wirtschaftlichen Gesichtspunkten wird, wie sich bei Erörterung von I A b ergeben wird, thatsächlich in der Praxis ausgegangen, ganz unabhängig von der rechtlich formellen Seite des Anspruchs. Für die Praxis wird sehr selten ein anderes Sachverhältnis vorliegen, als ein solches, das neben der gesetzlichen Vorschrift den Unterstützungsanspruch auch aus dem Gebot der nützlichen Verwendung rechtfertigt.

I. Erstattung durch den Unterstützten selbst.

A. Unter Lebenden.

Kosten der Krankenpflege.

Sind sie unmittelbar nach Verlassen der Anstalt einzuziehen, sofort ganz oder teilweise niederzuschlagen?

Ist eine angemessene Zeit bis zu ihrer Wiedereinziehung abzuwarten?

Formales Verfahren.

Obwohl Krankenpflege, wenn auf öffentliche Kosten gewährt, gewiß keinen andern Charakter hat, als andere Unterstützungen, so wird bei dieser Art der Unterstützung von keiner Seite ein Zweifel daran erhoben, daß die Kosten zurückzuerstatten sind. Das Verfahren hat sich in der Praxis ziemlich übereinstimmend dahin entwickelt, daß entweder sofort oder einige Zeit nach der Aufnahme der Verpflegte, oder wenn es sich um Familienglieder handelt, das Familienhaupt auf diese Verpflichtung hingewiesen und darüber befragt wird, in welcher Weise die Zurückzahlung erfolgen soll. Vereinzelt, z. B. in Essen, erfolgt dieser Hinweis schon bei der Aufnahme zur Krankenpflege. Meist wird aber 1—2 Monate gewartet, um den Verpflegten oder das Familienhaupt nicht durch die sofortige Einziehung wirtschaftlich zu schädigen. Im übrigen wird gerade bei der Einziehung von Krankenpflegekosten weitgehende Nachsicht geübt und bereitwillig Stundung gewährt. Ergiebt sich aus den Verhältnissen des Verpflichteten sogleich, daß auf Zahlung nicht zu rechnen ist oder daß das Verlangen der Zahlung unbillig sein würde, so erfolgt die sofortige Niederschlagung der Kosten. Von einigen, z. B. Danzig, wird hervorgehoben, daß die Wiedervorlage angeordnet wird, wenn anzunehmen ist, daß die Zahlungsunfähigkeit später wieder behoben sein wird. Lübeck bemerkt, daß bei Versäumung der zugesagten Zahlungsfristen die Vorladung und erneute Zahlungsaufforderung erfolge, und daß diese Mahnungen oft mehrere Jahre fortgesetzt und erst eingestellt werden, wenn auf Erstattung nicht mehr zu rechnen ist. Recht gut werden die allgemeinen Gesichtspunkte von **Duisburg** in nachfolgenden Worten hervorgehoben:

„Eine bestimmte Vorschrift bezüglich der Wiedereinziehung entstandener Pflegekosten besteht hierselbst nicht. Es wird seitens der Armenverwaltung darauf gesehen, solche Kosten nach Möglichkeit wieder einzuziehen, soweit dies bei Vermeidung der wirtschaftlichen Schädigung des Verpflegten oder seiner Angehörigen geschehen kann.

Im allgemeinen ist von diesem Gesichtspunkte aus eine Wiedereinziehung der Kosten von verheirateten Pfleglingen nicht möglich. Einmal ist die Familie des Verpflegten durch die längere oder kürzere Krankheit ihres Ernährers in mehr oder minder großen Rückgang, wenn nicht in Not geraten und wird die größte Anstrengung des genesenen Familienhauptes erforderlich sein, um seine Angehörigen durchzubringen und den durch Ausfall an Verdienst während der Krankheit Privaten gegenüber übernommenen Verbindlichkeiten, Schulden für Lebensmittel ꝛc. nachzukommen. Dann aber auch ist bei den hiesigen rein industriellen Verhältnissen für seßhafte verheiratete Personen durch die Krankenversicherung in den meisten Fällen gesorgt, indem fast alle hiesigen Krankenkassen für den Zeitraum von 26 Wochen die Verpflegung für ihre Mitglieder übernehmen. Länger andauernde Krankheiten führen in vielen Fällen zur Invalidität und ist alsdann eine Erstattung der seitens der Armenverwaltung aufgewendeten Kosten von selbst ausgeschlossen. Im Falle der Wiedergenesung ist die Wiedereinziehung der Kosten aus dem schon vorhin angeführten Grunde meistens nicht möglich.

Ist die Pflege von Familienangehörigen, Ehefrau und Kindern erforderlich, so wird der Ehemann, falls nur 2—3 Kinder zu ernähren sind und entsprechender Verdienst vorhanden ist, zur Zahlung eines Beitrages oder in selteneren Fällen zur Erstattung herangezogen. Bei größerer Kinderzahl ist dies ausgeschlossen. Gemeiniglich haben Ehefrauen und Kinder von Krankenkassenmitgliedern Anspruch auf freie ärztliche Behandlung und Gewährung von Arzneien ꝛc. durch die Krankenkassen und erstatten letztere im Falle einer Krankenhauspflege die Hälfte der entstandenen Kosten. Die andere Hälfte muß meistens die Armenverwaltung übernehmen und versucht letztere dieselbe dann vom Ehemann oder Familienhaupte wieder einzuziehen. Zu diesem Zwecke wird mit demselben eine Verhandlung aufgenommen, wonach er sich verpflichtet, die Kosten der Verpflegung in wöchentlichen, 14tägigen oder monatlichen Raten, welche den besonderen Verhältnissen angepaßt sind, zu erstatten. Gleichfalls hat er die Erklärung abzugeben, daß er, im Falle er seiner Verpflichtung nicht nachkommt, damit einverstanden ist, daß ihm die betreffenden Beträge durch Vermittelung seines jeweiligen Arbeitgebers am Lohn einbehalten werden. Das gleiche Verfahren wird bei unverheirateten Pfleglingen beobachtet. Letztere sind indes meistens Durchreisende oder Bummler, sodaß durch das betreffende Verfahren bei diesen ein Erfolg nicht oft erzielt wird.

Im allgemeinen empfiehlt es sich nach den hiesigen Erfahrungen, den aus dem Krankenhause entlassenen wieder arbeitsfähigen Personen eine angemessene Zeit, etwa 4—6 Wochen, zu gestatten, bis mit der Rückzahlung begonnen wird."

Bestimmte Grundsätze über die Höhe der Beiträge nach den Verhältnissen der Verpflegten sind nur von **Aachen** mitgeteilt. Es heißt in dem Bericht:

„Keine Beiträge brauchen zu zahlen: kinderlose Eheleute bei einem Wocheneinkommen von nur 12 Mk., ein alleinstehender Mann bei einem solchen von 10 Mk. und ein Mann, dem eine Tochter den Haushalt führt, bei einem Einkommen von 8 Mk. Eine alleinstehende Frau ist von einer Beitragsleistung befreit bei einer Wocheneinnahme von 7 Mk. Für jedes Kind im Alter von mehr als 10 Jahren werden 4 und für jedes Kind in jüngerem Alter 2 Mk. als nicht beitragspflichtig außer Anrechnung gelassen. Diese Sätze werden als Ausschlußsätze für Alimentationspflichtige bezeichnet. Handelt es sich um die vorübergehende Hospitalpflege einer zum Haushalte der betreffenden Familie gehörigen Person, so wird die ganze Mehreinnahme bis zur vollen Höhe der Hospitalkosten (1,25 Mk. pro Tag) beansprucht, in anderen Fällen von alleinstehenden Personen 30 und von Familien 20 % der Mehreinnahme. Besondere Umstände, wie Schulden, Krankheit, häufige Verdienstlosigkeit 2c., werden berücksichtigt."

Bernburg bemerkt, daß bei Verpflegung von Ehemann oder Ehefrau meist eine angemessene Frist gewährt werde, zur Besserung der wirtschaftlichen Verhältnisse, daß dagegen, wenn Kinder verpflegt werden, schon während der Pflege auf angemessene kleine Ratenzahlungen durch die Eltern hingewirkt werde. Doch werde, wenn 3 oder mehr Kinder vorhanden seien, meist von vornherein von Einziehungen Abstand genommen.

Die sofortige Niederschlagung erfolgt überall, wenn aktenmäßig die Zahlungsunfähigkeit feststeht, insbesondere dann, wenn die betreffende Familie gleichzeitig öffentlich unterstützt wird oder kurz vorher unterstützt worden ist. Von Berlin und Charlottenburg wird das wohl auch anderwärts übliche Verfahren erwähnt, sich durch die Armenkommissionen ein Gutachten über die Zahlungsfähigkeit abgeben zu lassen.

Als Besonderheit ist noch hervorzuheben das Verfahren einiger rheinischer Gemeinden, wie Altenessen, Stoppenberg, Witten, **Mülheim** a. Rh., wie es in folgender Mitteilung der zuletzt genannten Stadt zum Ausdruck kommt:

„Im übrigen wird mit Personen, welche nicht in Armenunterstützung stehen, aber die Krankenhauskosten nicht gleich ganz bezahlen können, vor der Aufnahme in das Krankenhaus eine kurze Verhandlung über die Verhältnisse und über die Art und Weise der Abzahlung der Kosten aufgenommen. Da hier in den meisten Fällen gewerbliche Arbeiter in Frage kommen, die in der Regel unpfändbar und nur auf ihren Arbeitslohn angewiesen sind, werden zur Abtragung der Kosten Teilzahlungen bewilligt, die sich nach der Höhe des in der Familie vorhandenen Einkommens richten und nach jeder Lohnzahlung — meistens alle 14 Tage — an die Armenkasse abgeführt werden müssen. In Fällen, in denen von vornherein säumige Zahlung erwartet wird, oder wo sich bei der Abzahlung mutwillige Unterlassung der Zahlungen zeigt, läßt sich die Armenverwaltung von dem be=

treffenden Familienhaupte in der aufgenommenen Verhandlung die Ermächtigung erteilen, im Falle der unbegründeten Unterlassung der Zahlung die festgesetzten Teilbeträge durch den jeweiligen Arbeitgeber vom Lohne abhalten zu lassen. Es ist dies für die Armenverwaltung die einzige Handhabe gegen derartige Schuldner, denn in fast allen Fällen ist auf dem gerichtlichen Wege wegen Unpfändbarkeit der Betreffenden nichts zu erreichen."

Witten teilt nachstehendes Formular mit, das in den hier bemerkten Fällen gebraucht wird:

„Hierdurch verpflichte ich mich, die der hiesigen Armenkasse durch.......... bereits entstandenen und noch erwachsenden Kosten von meinem Arbeitsverdienste monatlich mit ....Mark zu erstatten und diese Raten bis spätestens zum............jedes Monats einzuzahlen.

„Sollte ich dieser Verpflichtung nicht nachkommen, so ermächtige ich meinen jederzeitigen Arbeitgeber, von meinem Lohne diesen Betrag bis zur vollständigen Deckung der Kosten einzubehalten und an die Armenkasse hierselbst abzuführen.

„Ich verzichte hiermit ausdrücklich auf den rechtlichen Anspruch auf meinen Lohn in Höhe dieser Forderung."

Die Anwendung eines derartigen Verfahrens wird kaum allgemein möglich sein. Es setzt eine ziemlich gleichartige und ziemlich seßhafte Fabrikbevölkerung voraus.

Im übrigen wird bei der Einziehung von Krankenpflegekosten eine andere, als die ziemlich allgemein gehandhabte Praxis der Milde sich nicht empfehlen. Wo nach dem gegenwärtigen Stand der Krankenkassengesetzgebung eine Krankenkasse nicht eintritt, werden ohnehin für den Verpflegten oder das Familienhaupt, zu dem verpflegte Angehörige gehören, schwierige Verhältnisse vorliegen; der Ehemann, der seine Frau ins Krankenhaus schicken muß, wird ohnehin Mühe genug haben, während der Zeit der Abwesenheit den Hausstand aufrecht zu erhalten und ebenso wird die Familie, wenn das Haupt sich in Krankenpflege befindet, meist ohnehin auf öffentliche Unterstützung angewiesen sein. Etwas anders liegt es bei einzelstehenden Personen, die sonst in regelmäßigem Arbeitsverdienst stehen und sehr wohl die Schuld ganz oder teilweise abtragen können, wenn die Krankheit nicht zu lange gedauert hat. Doch wird hier zu unterscheiden sein zwischen männlichen und weiblichen Personen; die letztgenannten sind meist Näherinnen, Wäscherinnen und dergl., die leicht während der Krankheit ihren Kundenkreis verlieren und die, weil sie die Krankheit sich meist durch den Beruf zugezogen haben, leicht wieder krank werden, wenn sie sich in der ersten Zeit überanstrengen. Auch herrscht gerade in dieser Klasse nach meiner persönlichen Erfahrung ein regeres Ehrgefühl, das zur Rückzahlung, wenn die Behörde sie fordert, antreibt. Das Bewußtsein, Schulden zu haben, wird dann besonders drückend. Es darf schließlich in Betracht gezogen werden, daß gerade Krankenpflege eine Art der Unterstützung bildet, mit der verhältnismäßig wenig Mißbrauch getrieben werden kann.

In welcher Weise sich die Armenverwaltung von der Zahlungsfähigkeit überzeugen will, wird dem Ermessen von Fall zu Fall überlassen bleiben müssen. Die Befragung der Armenkommissionen in jedem Falle, wie sie vielfach üblich ist, bildet nach meinen Erfahrungen eine starke, nicht im Verhältnis zum Erfolg stehende Belastung der ehrenamtlichen Organe, die durch Aktenprüfung, Ermittlung durch die Stadtboten, Feststellung der Größe der Familie, Anfrage bei dem Arbeitgeber und dergl. vielfach ersetzt werden kann.

Andere Unterstützungen.

Welche Veränderung in den Vermögens= und Einkommensverhältnissen rechtfertigt die Rückforderung von Unterstützungen?

Anstaltspflege für Personen, die Alters=, Invaliden=, Unfallrente oder Pensionen von Staat, Gemeinde u. s. w. beziehen. Werden diese Bezüge von der Armenverwaltung eingezogen oder werden Teile der Bezüge belassen?

Insbesondere das formale Verfahren gegenüber den Versicherungsanstalten, Berufsgenossenschaften und sonstigen Körperschaften.

Es handelt sich hier in erster Linie um laufende Unterstützungen, die in offener oder geschlossener Pflege gewährt werden. Auch an dieser Stelle wird von einigen Verwaltungen das schon oben berührte Bedenken hinsichtlich der rechtlichen Zulässigkeit der Rückforderung geltend gemacht. So teilt **Greifswald** ein Rechtsgutachten mit, durch das die Erhebung einer Klage widerraten wird, weil neben der aus öffentlichem Interesse erfolgenden Unterstützung eine privatrechtliche Verbindlichkeit nicht als vorhanden angenommen werden kann. Im übrigen ergiebt sich aus zahlreichen Mitteilungen der angefragten Verwaltungen, daß in der Praxis der Anspruch unter gewissen Voraussetzungen in der Regel geltend gemacht wird. Einen bestimmten Anhalt für die Voraussetzungen giebt § 66 der Sächsischen Armenordnung. Er lautet:

„Nach diesem Grundsatze ist jeder Arme, welcher nicht bloß durch eigene Thätigkeit und Anstrengung, sondern durch äußere zufällige Glücksumstände, z. B. durch Erbschaft, zu besserem Vermögen gelangt, das genossene Almosen oder andere Unterstützung der Armenkasse wieder zu erstatten verbunden. Um jedoch solchenfalls dem gewesenen Armen nicht die Mittel, sich forthin ohne Unterstützung selbst zu erhalten, zu nehmen, oder zweckwidrig zu schmälern, ist demselben nach Ermessen der Armenbehörde, oder, im Fall letztere deshalb klagbar geworden ist, durch richterlichen Ausspruch zu verstatten, den Wiederersatz in leidlichen Fristen zu bewirken."

Bei **Hamburg** heißt es:

„Gemäß § 14 Abs. 2 des Gesetzes, betreffend das Armenwesen vom 18. Mai 1892, ist der Unterstützte zur Erstattung jeder ihm gewährten Unterstützung verpflichtet, wenn er in eine ‚bessere Vermögenslage' gerät. In der Praxis wird diese Bestimmung in der Weise angewendet, daß die Erstattung von allen verlangt wird, die zu derselben ohne Beeinträchtigung des für sich und ihre unterhaltsberechtigten Angehörigen notwendigen Lebensunterhaltes — der liberal bemessen wird — imstande sind."

Ähnlich äußern sich eine ganze Reihe von Verwaltungen. So wird von **Siegen** ausgesprochen:

„Unterstützungen werden zurückgefordert, wenn dem Unterstützten eine Erbschaft, eine Schenkung, ein Lotteriegewinn und dergl. zufällt, oder wenn der Unterstützte selbst oder unter Mitwirkung von Familienangehörigen in seinem Einkommen derart steigt, daß er ohne Beeinträchtigung seiner bisherigen Lebenshaltung monatlich Abschlagszahlungen leisten kann, oder wenn Grundvermögen, das seither nicht entsprechend veräußert werden konnte, verkauft wird u. s. w."

Spandau bemerkt:

„Sobald feststeht, daß die Vermögens- und Einkommensverhältnisse sich derart gebessert haben, daß der Unterstützte nach Bestreitung der eigenen sowie der seiner Familienangehörigen notwendigen Lebensbedürfnisse, noch einen Überschuß erzielt, werden die gewährten Unterstützungen zurückgefordert."

Bei **Gotha** heißt es:

„Nicht jede Besserung der Vermögens- oder Einkommensverhältnisse eines Unterstützten, die diesen der Notwendigkeit überhebt, Armenunterstützung zu beanspruchen, würde uns veranlassen, die Kosten früherer Unterstützungen zurückzuverlangen. Die Besserung müßte vielmehr eine derart erhebliche sein, daß Rückerstattung möglich ist, ohne den Ersatzpflichtigen auf die Lebenshaltung eines Armenunterstützten herabzudrücken und ohne ihn der Gefahr nahe zu bringen, bei Eintritt übersehbarer ungünstiger Verhältnisse (Krankheit, zeitweise Erwerbslosigkeit und dergl.) öffentliche Unterstützung wieder beanspruchen zu müssen. Mäßige Ersparnisse sollten zur Erstattung früherer Armenpflegekosten nicht herangezogen werden."

Bei **Hanau**:

„In den anderen Unterstützungsfällen dürfte eine Rückforderung von Unterstützungen nur gerechtfertigt erscheinen, wenn dem Hilfsbedürftigen ein größerer Vermögensanfall erwächst, sodaß ihm nach Deckung der Unterstützungsvorlagen noch soviel übrig bleibt, daß er voraussichtlich nicht mehr oder doch nicht in absehbarer Zeit der Armenpflege wieder anheim fällt. In denjenigen Fällen jedoch, in welchen der Hilfsbedürftige ein Verschwender oder Trunkenbold oder Müßiggänger war, ohne daß es gelingt, denselben unter Kuratel zu stellen, dürfte auf den sofortigen Ersatz der Unterstützungsvorlagen zu bringen sein."

Von anderen werden ebenfalls: Heiraten, Erbschaften, Gewinn in der Lotterie und dergl. als Gründe angeführt, die eine Rückforderung rechtfertigten. **Lübeck** bemerkt, daß der Anspruch auf Rückforderung von den Gerichten dahin ausgelegt werde, daß er nicht schon dann berechtigt seien, wenn der Unterstützte zu Vermögen gelangte, sondern dann wenn seine Gesamtlage eine „andere, bessere geworden." — Elberfeld sieht von einer Einziehung überhaupt ab und auch Mainz bemerkt, daß bei Zuwachs von Vermögen nur die Unterstützung in Fortfall käme, eine Einziehung dagegen nicht stattfände. Erfurt nimmt ebenfalls einen sehr wohlwollenden Standpunkt ein und hebt hervor, daß man bei ordentlichen Leuten von Einziehung abgesehen habe, selbst wenn der zugefallene Betrag 1000 Mk. betrug.

Breslau bewirkt die Einziehung, wenn größere Mittel zum Vorschein kommen, die früher verheimlicht waren und mehr als die notdürftige Fristung des Unterhalts gewähren. In der Berliner Praxis werden ebenfalls mäßige Beträge, namentlich bei alten Leuten, diesen belassen oder auch wohl so verfahren, daß sie zur Einzahlung an die Armenkasse veranlaßt werden, die ihnen nun bis ans Lebensende hieraus einen entsprechenden Zuschuß zu der bisher gewährten Unterstützung zukommen läßt.

Eine feste Regel wird sich allerdings schwer aufstellen lassen. Doch wird immer festgehalten werden müssen, daß in erster Linie es sich um Gesichtspunkte der öffentlichen Armenpflege handelt. Personen, die beispielsweise ohne nachweisbaren äußern Glückszufall bedeutende Sparkassenbeträge besitzen, können diese nur auf Kosten der Armenkasse zurückgelegt haben, so daß hier die Einziehung wohl gerechtfertigt ist. Auch dient sie in etwas zur Abschreckung der unnötigen Inanspruchnahme der Armenpflege. Wo äußere Umstände, wie namentlich Erbschaft, eine Veränderung herbeiführen, wird die Einziehung nur angemessen sein, wenn die Erbschaft so groß ist, daß sie mehr als den bescheidenen Unterhalt ermöglicht, ein Fall, der wohl nur selten eintritt, oder wenn das Geld Persönlichkeiten in die Hand fällt, die, wie in der Äußerung von Jena hervorgehoben ist, doch sehr bald schlechten Gebrauch davon machen würden. Die Befugnis der Einziehung erstreckt sich im übrigen auf die ganze zurückliegende Zeit, soweit nicht etwa Verjährung eingetreten ist. Für Württemberg wird durch Art. 3 des Ausführungsgesetzes von 1873 die Rückforderung ausdrücklich auf die nach dem 18. Lebensjahr gemachten Aufwendungen beschränkt. Zur Verfolgung dieser Ansprüche ist nur der ordentliche Rechtsweg gegeben. Doch wird allermeist im Wege der gütlichen Verständigung eine Einigung versucht und vielfach erzielt. **Bernburg** spricht in Bezug auf das formelle Verfahren hierbei den folgenden, wohl kaum erfüllbaren Wunsch aus:

„Als ein besonderer Übelstand bei Einziehung bereits verausgabter Unterstützungen ist es hier stets empfunden worden, daß die Gemeindebehörden in diesen Fällen lediglich auf den Rechtsweg angewiesen sind. In vielen Fällen wird die nach Beendigung des Prozesses vollstreckte Mobiliarexekution fruchtlos ausfallen und den Gemeindebehörden fallen sodann auch noch die Kosten des Prozesses zur Last. — Es dürfte sich empfehlen, für die Einziehung bereits verausgabter Unterstützungen ein ähnliches Verfahren einzurichten, wie es im § 65 des Preuß. Ausführungsgesetzes und im § 51 des Anh. Ausführungsgesetzes Nr. 263 vorgeschrieben ist. Nach stattgehabtem Verfahren müßte den Gemeindebehörden das Recht zustehen, verauslagte Unterstützungen u. s. w. im Verwaltungsverfahren einzuziehen, event. auch durch Lohnbeschlagnahme. Durch eine solche Einrichtung würde den Gemeindebehörden die Möglichkeit geboten:

1. Einziehungssachen schneller als im Prozeßwege zu erledigen,
2. durch Stellung kleinerer Ratenzahlungen zur Zwangsvollstreckung leichter in den Besitz der ganzen Unterstützung zu gelangen,
3. im Falle fruchtlosen Ausfallens der Pfändung die Prozeßkosten zu sparen,

4. durch Lohnarrest auch diejenigen Schuldner zu belangen, welche Mobiliar u. s. w. nicht besitzen, aber in Ansehung ihres Verdienstes immerhin in der Lage sind, wöchentlich bis zu 2 Mk. abzahlen zu können."

In diesem Zusammenhange sei noch erwähnt, daß nach der Judikatur des Reichsgerichts Sparkassenguthaben ohne weiteres durch die Armenverwaltung eingezogen werden können, wenn die Armenverwaltung von der Stadtgemeinde geübt wird und die Sparkasse selbst städtisch ist. Es wird angenommen, daß die Sparkasseneinlagen zum städtischen Vermögen gehören und daher mit den von der Stadt für Armenzwecke gemachten Aufwendungen von Rechtswegen eine Kompensation eintrete.

Soweit Anstaltspflege für Personen eintritt, die Renten oder Pensionen beziehen, so ist es ziemlich allgemein Praxis, daß die Bezüge von der Armenverwaltung in voller Höhe eingezogen werden. Eine Ausnahme wird gemacht, wenn der Pflegling Familie zurückgelassen hat, der unter Umständen die ganzen oder ein Teil der Bezüge zur Vermeidung von öffentlicher Armenpflege belassen werden. Überschreitet der Betrag die Höhe des üblichen Pflegegeldes, so wird dieser Betrag dem Pflegling belassen. Auch wird vielfach, z. B. in Danzig, Stuttgart, Guben, Wiesbaden, den Pfleglingen ein mäßiges Taschengeld für kleinere Bedürfnisse in der Höhe von 2—4 Mk. belassen. In Göttingen und München, wo die alten Leute in Anstalten untergebracht werden, die eine Art Wohlthätigkeitscharakter haben, wird ihnen ein Drittel belassen.

Rückstände von Renten werden in der Regel voll eingezogen. Es handelt sich hier meist nur um das vorläufige Eintreten der Armenverwaltung bis zur Erledigung des häufig sehr langsam verlaufenden Verfahrens, so daß, wenn der Unterstützte sogleich erhalten hätte was ihm zukommt, öffentliche Unterstützung überhaupt nicht nötig gewesen sein würde. Doch wird auch hier vielfach Milde geübt, wenn die Rente nicht bedeutend oder ihrer Gewährung eine größere Notlage, veranlaßt durch Krankheit, Alter u. s. w., vorangegangen ist. Auch wird die Höhe der künftigen Bezüge berücksichtigt. Elberfeld zieht beispielsweise die Pensionen und Unfallrenten voll ein, während bei anderen Renten die Anrechnung zur Hälfte die Regel bildet. Im übrigen ist wegen dieses Punktes auf die ausführlichen Verhandlungen des Vereins im Vorjahre (Bericht von Schmid und Cuno Heft 39) zu verweisen, an die sich principielle Beschlüsse des Vereins über die Anrechnung anschlossen. Bemerkenswert ist der von Duisburg mitgeteilte Beschluß der städtischen Armenverwaltung, daß die Renten den Empfängern unverkürzt zu belassen seien.

Das formelle Verfahren macht häufig Schwierigkeiten. **Siegen** äußert hierüber:

„Die Abtretung von Renten ist bekanntlich verboten. Die Berufsgenossenschaften gehen sogar so weit, daß sie die gewiß nicht als Abtretungen aufzufassenden Vollmachten zur Rentenerhebung zurückweisen, während die Invaliditäts- und Altersversicherungs-Anstalten gegen dieses Verfahren nichts einwenden und Berechtigungsausweise für die Bevollmächtigten (hier für die Armenkasse) ausstellen. Die Postämter lassen sich überhaupt nicht darauf ein, Renten gegen Quittung der Bevollmächtigten zu zahlen; sie durchbrechen also hier einen Grundsatz, den sie sonst befolgen, indem sie an andere Bevollmächtigte Geld= und Wertsendungen ausliefern. In einer Eingabe an das Reichspostamt vom Ende Dezember v. J. haben wir gebeten, zur Beseitigung der büreaukratischen Schwierigkeiten entsprechende Einrichtungen zu verfügen, und nach einer Mitteilung des Reichspostamts schweben zur Zeit noch Verhandlungen mit dem Reichsversicherungsamte.

In zahlreichen Fällen helfen wir uns dadurch, daß wir den Rentner selbst unterschreiben und dann die Rente durch unsere Kasse bei der Post erheben lassen. Bei Pensionen und Witwen= und Waisengeldern verfahren wir regelmäßig auf diese Weise."

Königsberg klagt insbesondere über das Verhältnis zu den Berufs= genossenschaften:

Mit der Versicherungsanstalt Ostpreußen besteht das Abkommen, daß auf Meldung von der Anstaltsaufnahme die Rente vorläufig einbehalten wird, wogegen die Armenverwaltung sich verpflichtet hat, sofort nach Ent= lassung Nachricht behufs Auszahlung der weiteren Rente zu geben. Bei= bringung einer Erklärung des Verletzten, daß er mit der Zahlung der Rente an die Armenverwaltung einverstanden ist, wird erfordert.

Mit den Berufsgenossenschaften ist fortwährender Streit, weil diese die Auslegung vertreten, daß nur, wenn die Armenpflege durch den Unfall bedingt ist, ein Rechtsübergang stattfindet. Die gesetzlichen Vorschriften entsprechen nicht dem praktischen Bedürfnis, eine Änderung ist dahin er= wünscht, daß bei Notwendigkeit der Anstaltspflege die Rente auf den die Anstaltspflege gewährenden Armenverband übergeht."

Dagegen bemerkt **Hamburg**:

„Die Einziehung selbst verursacht keine Schwierigkeit, wenn es sich um solche Personen handelt, die Renten von der Hanseatischen Versicherungs= anstalt erhalten; diese überweist auf Anmeldung des Anspruches gemäß § 35 des Gesetzes vom 22./6. 1889 der Armenverwaltung die laufende Rente zur Einziehung, allerdings unter Vorbehalt der Rückforderung, falls der Unterstützte selbst im Rechtswege die wiederholte Zahlung der Versicherungs= anstalt gegenüber durchsetzen sollte; dieser Vorbehalt hat aber praktische Be= deutung bis jetzt niemals erlangt. Die übrigen Versicherungsanstalten und die Berufsgenossenschaften überweisen dagegen die laufende Rente, ebenso wie die Staats= und Gemeindebehörden die Pensionen nur dann der Armen= verwaltung zur Einziehung, wenn eine schriftliche Einwilligung des Unter= stützten vorliegt."

Eine Besonderheit hebt **Aachen** wie folgt hervor:

„Ansprüche auf verfallene Renten werden nach Maßgabe des § 8 des Unfallversicherungsgesetzes bezw. des § 35 des Gesetzes über die In= validitäts= und Altersversicherung bei der betreffenden Berufsgenossenschaft bezw. bei der Versicherungsanstalt angemeldet, die Überweisung laufender Renten wird dagegen nur dann beantragt, wenn der Empfangsberechtigte selbst wegen Geisteskrankheit nicht gültig quittieren kann. In solchen Fällen wird beim Vormundschaftsgericht unter Vorlage einer Abschrift des betreffenden ärztlichen Attestes die Bestellung eines Pflegers beantragt; dieser wird zur Abgabe einer schriftlichen Erklärung, daß er die fragliche Rente der Armenverwaltung abtrete, veranlaßt, und hierauf die Überweisung der Rente unter Vorlage dieser Erklärung zuständigen Orts beantragt. Dieses Verfahren ist aus dem Grunde zu empfehlen, weil man einem Pfleger nicht zumuten kann, die Rente allmonatlich zu erheben und bei der Armenkasse abzuliefern. In den Fällen, in denen der Empfangsberechtigte selbst quittieren kann, empfiehlt es sich jedoch der Einfachheit wegen, die Quittungen von diesem am 1. eines jeden Monats vollziehen und die Renten durch einen Angestellten bei der betreffenden Postanstalt erheben zu lassen. Es ergeben sich alsdann bei dem Austritte der betreffenden Person aus der Anstalt keine weiteren Schwierigkeiten."

Ähnlich auch **Mülheim a. Rh.**:

„Der Anspruch wird sofort nach Abgang des Rentenantrages mit kurzem Schreiben bei der Versicherungsanstalt oder Berufsgenossenschaft angemeldet und von den letzteren befriedigt. Handelt es sich um eine in einer Anstalt befindliche Person, die wahrscheinlich dauernd oder aber für längere Zeit der Anstaltspflege bedarf, so wird die Rente seitens der Versicherungsanstalt oder Berufsgenossenschaft nach vorheriger formeller Einwilligungs-Erklärung des Versicherten direkt an die hiesige Armenkasse zur laufenden Abhebung bei der Post angewiesen. In allen übrigen Fällen, in denen eine Person, welche bereits Rente bezieht, in eine Anstalt aufgenommen wird, wird die Rente seitens der Armenverwaltung erhoben, nachdem der Inhaber die Rentenquittung vollzogen hat und diese vorschriftsmäßig beglaubigt worden ist. In der letzteren Weise wird auch bei Personen verfahren, die von einer anderen Körperschaft eine Rente erhalten, welche die Armenverwaltung der Körperschaft gegenüber gesetzlich nicht in Anspruch nehmen kann."

Frankfurt a. M. verwendet das nachfolgende Formular:

Vorderseite.

„D ....

muß seit dem .... wegen Erkrankung und Arbeitsunfähigkeit mit .... durch Gewährung notwendiger Hospitalpflege

.... von uns unterstützt werden.

Derselbe war nach seinen in der Anlage gemachten Angaben Mitglied der .... Ihrer Krankenkasse.

Für die Folgen des von ihm erlittenen Unfalls hat die ....
.... Berufsgenossenschaft vom .... ab aufzukommen.

Derselbe hat gegen die Versicherungsanstalt .... zu beanspruchen { Invaliditätsrente; — Altersrente von ....
Invalidenrente wegen mehr als einjähriger Erwerbsunfähigkeit (§ 10 des Ges. v. 10. Juli 1889).

Die dem Unterstützten somit statutenmäßig zustehenden Bezüge werden auf Grund der umseitig abgedruckten Gesetzes-Paragraphen zur Deckung der diesseitigen für jetzt Mk. .... betragenden Unterstützungsvorlagen bis zur Höhe und auf die Dauer derselben von uns beansprucht.

Wir fragen an, ob dieser Anspruch anerkannt wird, und wie hoch die Bezüge sind, welche dem Unterstützten gegen die verehrliche Stelle zustehen.

Wir bitten, hierbei sowohl die dem Unterstützten selbst und die seinen Angehörigen zustehenden Beträge, wie auch das etwaige Sterbegeld anzugeben, und auch den Endtermin der dortigen Leistungen bezeichnen zu wollen.

Zugleich geben wir anheim, ob Sie den Kranken nicht in eigene Fürsorge nehmen bezw. der Fürsorge der zuständigen Krankenkasse überweisen wollen (§ 5 Abs. 8 des Unfallvers.-Ges., § 12 des Invaliditäts- und Alterversich.-Ges.).

....

....

Rückseite.

Unser Recht, Auszahlung der Bezüge des Versicherten an die Armenkasse zu verlangen, ist festgesetzt durch:

§ 57 des Reichsgesetzes vom 15. Juni 1893 / 10. April 1882 betreffend
die Kranken-Versicherung der Arbeiter,

§ 8 des Unfall-Versicherungs-Gesetzes vom 6. Juli 1884, Abs. 1,

§ 11 des Gesetzes betr. Versicherung der land- und forstwirtschaftlichen
Arbeiter vom 5. Mai 1886,

§ 35 des Gesetzes betr. die Invaliditäts- und Alters-Versicherung
vom 22. Juni 1889,

welche gleichlautend bestimmen:

Die auf gesetzlicher Vorschrift beruhende Verpflichtung von Gemeinden oder Armenverbänden zur Unterstützung hilfsbedürftiger Personen werden durch dieses Gesetz nicht berührt. Soweit auf Grund dieser Verpflichtungen Unterstützungen für einen Zeitraum geleistet sind, für welchen dem Unterstützten auf Grund dieses Gesetzes ein Unterstützungsanspruch zusteht, geht der letztere im Betrage der geleisteten Unterstützung auf die Gemeinde oder den Armenverband über, von welchem die Unterstützung geleistet ist.

2c. 2c."

Der Vorsitzende der Berliner Armendirektion hat kürzlich eine Anweisung wegen Behandlung der Rentenanträge erlassen, aus der folgendes hervorgehoben werden möge:

„1. In allen Fällen, in denen seitens einer Berufsgenossenschaft oder der Versicherungsanstalt der Armendirektion Beträge zur Einziehung überwiesen werden, die den Entgelt für vorher im Wege der öffentlichen

Armenpflege geleistete Unterstützungen darstellen, ist von Amtswegen zu prüfen, ob auf die Einziehung des ganzen oder eines Teils des Überschusses verzichtet werden soll. Der Verzicht wird in der Regel nur dann einzutreten haben, wenn ein dahin zielender Antrag der Armenkommission oder des Unterstützten selbst vorliegt; doch kann unter besonderen Umständen, namentlich wenn es sich um lange dauernde vorangegangene Krankheit, um das Zurückbleiben einer Witwe mit zahlreichen Kindern u. s. w. handelt, auch ohne Antrag in die Erörterung eingetreten werden, ob ein solcher Verzicht auszusprechen ist.
2. Ohne weiteres ist zur Einziehung zu schreiten, wenn der Empfänger ohne Erben inzwischen verstorben oder zu dauernder Verpfleguug in eine städtische Anstalt aufgenommen oder auf Kosten der Armendirektion an eine fremde Anstalt untergebracht ist.
3. Sofern der Rentenempfänger weiter unterstützt wird, ist jedenfalls die Armenkommission vor der Entscheidung zu hören. Ist die Unterstützung inzwischen eingestellt oder handelt es sich nur um vorübergehende Unterstützung, so ist je nach den Umständen die Armenkommission zu hören oder nach Aktenlage zu entscheiden."

B. Von Todes wegen.

Neben dem selbstverständlichen Recht der Armenverwaltung, etwaige Nachlässe in Höhe ihres wirklichen Aufwandes in Anspruch zu nehmen, besteht vielfach landesgesetzlich ein Erbrecht in den Nachlaß des Unterstützten. Welche Voraussetzungen gelten hierfür? Besondere Bekanntmachung bei Beginn der dauernden Unterstützung. Eintritt in eine Anstalt. Die Fortdauer der Unterstützung während längerer Zeiträume u. s. w.

Ein gesetzliches Erbrecht in allen Fällen dauernder Armenpflege kommt vereinzelt vor und zwar in den 3 Hansestädten, in Hamburg mit der eigentümlichen Beschränkung, daß der Unterstützte während der letzten 5 Jahre mindestens 150 Wochen aus öffentlichen Mitteln unterstützt sein muß; außerdem infolge besonderer Verleihung in Berlin, woselbst der Armendirektion durch das Hofreskript vom 2. Juli 1801 das Erbrecht auf den ganzen Nachlaß der bis an ihr Lebensende unterstützten Personen zugestanden wird. Voraussetzung dieses Erbrechts ist, daß es der unterstützten Person in formeller Weise durch eine beamtete Persönlichkeit eröffnet worden ist. Es hat sich aus diesem Grunde die Gepflogenheit eingebürgert, die Vorsteher der Armenkommissionen zu vereidigen. Außerdem besteht für die preußischen Landesteile, in denen das A. L.=R. gilt, ein gesetzliches Erbrecht für Personen, die in Anstalten verpflegt werden (Tit. 19, T. II); seine Rechtsgültigkeit hängt gleichfalls von der förmlichen Eröffnung ab. In Sachsen steht nach dem Bürgerlichen Gesetzbuch den Pflegeanstalten ein durch gewisse Ansprüche der berechtigten Erben beschränktes Erbrecht zu. Ein gesetzliches Erbrecht steht auch den hessischen Anstalten zu, wenn der Verpflegte in der Anstalt gestorben ist, im Herzogtum Gotha den Waisenversorgungsanstalten, sofern der Erblasser in der Anstalt erzogen worden ist. Diese landesgesetzlichen Bestimmungen bleiben durch das B. G.=B. unberührt.

Neben dem gesetzlichen Erbrecht und zum Teil im Anschluß daran hat vielfach die Praxis dazu geführt, den Nachlaß des in der Armenpflege Verstorbenen ohne weiteres zur Deckung des Armenaufwands und wohl auch darüber hinaus in Anspruch zu nehmen. Rechtlich ist dies zwar, wie Frankfurt a. M. zutreffend hervorhebt, bedenklich. Doch bezeigen die Mehrzahl der Auskünfte, daß die Gepflogenheit, den Nachlaß an sich zu nehmen, bei einer großen Zahl von Armenverwaltungen besteht und ohne Widerspruch aus den beteiligten Kreisen anerkannt wird. So sagt z. B. **Mülheim a. Rh.**:

„Ein gesetzliches Erbrecht in den Nachlaß des Unterstützten besteht hier nicht, jedoch nimmt die Armenverwaltung in fast jedem Falle den Nachlaß zur Deckung ihrer Forderung in Anspruch. Falls hiergegen etwaige Erben Einspruch erheben, wird gegen diese die Forderung unter Verzichtleistung auf den Nachlaß geltend gemacht. Diese von der Armenverwaltung ständig geübte Praxis ist unter den Unterstützten so bekannt, daß es einer besonderen Bekanntmachung bei Beginn der Unterstützung nicht bedarf. Tritt eine Person zu dauernder Pflege in eine Anstalt ein, so wird der Nachlaß von der Armenverwaltung direkt in Anspruch genommen und verwertet. Dauert die Anstaltspflege mehr als einige Monate und absehbare Zeit, so wird der Nachlaß von der Armenverwaltung aufgehoben und dem Unterstützten nach Beendigung der Pflege wieder überantwortet".

Ähnlich mehrere andere rheinische Städte. — Zum Teil wird zur Sicherstellung der Forderung eine förmliche Erklärung gefordert, deren rechtlicher Wert allerdings gesetzlichen Erben gegenüber nicht ganz zweifelsfrei ist. So läßt **Hörde** beispielsweise die nachfolgende Erklärung unterzeichnen:

„D................
z. Z. bei ....
hierselbst wohnhaft, welche .... Mark .... Pf. monatlich und fortlaufend Almosen und .... Mark .... Pf. vierteljährlich an Mietsbeihilfe aus der Armenkasse bezieht, gab heute folgende Erklärung ab:

,Sofern ich bis zu meinem Tode oder bis kurz vor demselben aus der Armenkasse Gelder beziehen sollte, übertrage ich der Armen-Deputation Hörde meinen ganzen Nachlaß. Ich verpflichte mich auch ausdrücklich, von meinen Sachen vor meinem Tode Nichts zu verschenken oder ohne Not zu veräußern und bin damit einverstanden, daß mein Nachlaß gleich nach meinem Tode zu Gunsten der Armenkasse veräußert wird.'

D............ Uebertragende versichert, Vorstehendes wohlverstanden zu haben und versieht diese Verhandlung zum Zeichen dessen mit .... Namens-Unterschrift:

....
.... "

Fast durchweg werden solche Erklärungen auch da, wo ein gesetzliches Erbrecht der Anstalten nicht besteht, gefordert, sobald die Aufnahme in eine Anstalt erfolgt. **Aachen** verwendet hierfür das nachfolgende Formular:

„**Zusatzverhandlung.**

Vergleiche Nr. 17 der Verhandlung vom J. VI Nr. ....
mit .... erklärt ferner:
Mein Verdienst beträgt: ....
Außerdem besitze ich:
    a) an Immobilien,
    b) an Mobilien,
    c) an ausstehenden Forderungen,
    d) Sparkasseneinlagen,
    e) Rentenansprüchen,
    f) Barvermögen.
Ich habe .... Vermögen zu erwarten.
Nachdem .... hierauf eröffnet worden war, daß .... Verpflegung nur gegen Abtretung .... gesamten Vermögens an die Armen-Verwaltung geschehen könne, und daß sich einer strafrechtlichen Verfolgung wegen Betruges aussetze, wenn die obigen Angaben bezüglich der Vermögensverhältnisse falsche seien, erklärte:

Meine obigen Angaben sind richtig und vollständig, ich erkläre mich hiermit bereit, mein gesamtes Vermögen einschließlich des zu erwartenden an die Aachener Armen-Verwaltung abzutreten und betrachte die gewährte Unterstützung nur als Vorschuß."

Siegen bemerkt über diesen Punkt:

„Von dem uns nach dem 50. Teil II Tit. 19 des Allg. Landrechts zustehenden gesetzlichen Erbrechte solchen Personen gegenüber, die dauernd in unser Hospital (Siechenhaus) eintreten und dort sterben, machen wir regelmäßig Gebrauch. Jedem neu Aufgenommenen wird von diesem Erbrechte in einer von ihm zu unterschreibenden Verhandlung Kenntnis gegeben. Selbst wenn der Bedürftige einen Teil seines Unterhalts durch Abtretung von Renten und Pensionen bestreitet, betrachten wir ihn doch als einen „zur unentgeltlichen Verpflegung Aufgenommenen." Auf Grundvermögen, dessen sofortige Veräußerung nicht möglich ist oder sich nicht empfiehlt, lassen wir eine Sicherheitshypothek eintragen, damit keine Belastungen zu unserm Nachteile stattfinden können."

Von finanzieller Bedeutung ist das Nachlaßwesen wohl für keine Armenverwaltung. Immerhin kommen, wie ich aus eigener Erfahrung bezeugen kann, doch zuweilen erstaunliche Beträge bei Personen zum Vorschein, die nicht nur den Anschein der Dürftigkeit erweckten, sondern thatsächlich auf das dürftigste lebten, um einen, gewissen Armen eigentümlichen Spar- und Sammeltrieb zu bethätigen. Auch **Potsdam** bemerkt:

„Da wir wiederholt erhebliche Beträge ersparten und versteckten Geldes vorgefunden haben, so empfiehlt sich bei der Aufnahme von Armen in ein Kranken- oder Armenhaus, sowie nach dem Tode eine genaue Durchsicht des Mobiliars (Haussuchung)."

Vielfach wird auf den Nachlaß von vornherein wenig Wert gelegt oder zu Gunsten der Hinterbliebenen, zum Teil auch zu Gunsten solcher

Perſonen verzichtet, die den Unterſtützten in den letzten Lebensjahren gepflegt haben. Bernburg bemerkt, daß ſchon dann verzichtet werde, wenn der Erbe die rückſtändige Miete decke oder die Beerdigung beſorge. Wiederholt kehrt die Bemerkung wieder, daß der Nachlaß meiſt geringwertig ſei und zur Deckung der Miete dem Wirt überlaſſen werde. Doch wird gerade von den Mobilien ein vielfach nützlicher Gebrauch zu Gunſten anderer Armen gemacht. In verſchiedenen Städten, ſo namentlich in Berlin und in Hamburg ſind beſondere Lagerräume eingerichtet, in denen der Mobiliarnachlaß aufbewahrt wird, um daraus geeigneten Hausrat an andere Bedürftige abzugeben. Die Sachen werden ſorgfältig desinfiziert, ſoweit ihre Beſchaffenheit dies erfordert und in dem Lagerraum wieder in Stand geſetzt. In der **Hamburger** Geſchäftsordnung (§ 44a) heißt es:

„Da aus den Lagerbeſtänden Hausrat an unterſtützte Arme wieder abgegeben werden ſoll, ſo ſind häufig Sachen, deren Verkauf nur einen geringen Erlös bringen würde, für die damit zu bedenkenden Armen von weit höherem Wert." Veräußerung an gewerbsmäßige Aufkäufer iſt dort ausdrücklich unterſagt.

Behandlung der Sterbegelder, Totenladen und dergleichen.

Wird die Ausrichtung eines beſſeren Begräbniſſes, als die Armenverwaltung gewähren würde, zugelaſſen, oder wenn das Begräbnis durch die Angehörigen erfolgt, der den Koſten eines Armenbegräbniſſes entſprechende Betrag vergütet?

Das Sterbegeld nimmt unter den Gegenſtänden des Nachlaſſes eine beſondere Stellung ein. Es bildet zwar inſofern ein Stück des Nachlaſſes, als der Anſpruch darauf erſt nach dem Tode des Mitglieds erwächſt. Die Geltendmachung des Anſpruchs iſt aber in zwei Richtungen beſchränkt. Einmal wird durch zahlreiche Statuten die Verwendung zu dem beſtimmten Zwecke ein den Gepflogenheiten der Sterbekaſſe und der Höhe des Beitrages entſprechendes Begräbnis zu gewähren ausdrücklich vorgeſchrieben und zweitens ſoll, ſoweit es Sterbegeld im weiteren Sinne iſt, den hinterbliebenen Angehörigen die Verfügung über einen angemeſſenen Betrag unmittelbar nach dem Ableben des Ernährers geſichert werden. Hierbei handelt es ſich um eine Verſicherung zu Gunſten dritter Perſonen. Die Armenverwaltung hat in beiden Fällen keine Befugnis, über Sterbegeld zu andern als dem bezeichneten Zwecke zu verfügen. Ihr Intereſſe iſt darin begründet, daß ſie die Koſten eines Armenbegräbniſſes erſpart und daß die Familie des Verſtorbenen zunächſt nicht der öffentlichen Armenpflege anheimfällt. Tritt daher eine Perſon in dauernde Unterſtützung, ſo fragt es ſich für die Armenverwaltung, ob ſie die Mitgliedſchaft für den Unterſtützten aufrecht erhalten und die ferneren Beiträge zur Kaſſe zahlen wird. Dies geſchieht thatſächlich vielfach, wenn nicht die Höhe der Beiträge in Verbindung mit der mutmaßlichen Lebensdauer des Unterſtützten einen höheren Aufwand erwarten läßt, als das vorausſichtliche Ergebnis der Leiſtungen der Sterbekaſſe ſein wird, was ſelbſtverſtändlich Thatfrage iſt.

Wiesbaden bemerkt in dieſer Beziehung:

„Mit verſchiedenen laufend unterſtützten Perſonen, welche Mitglieder von Sterbekaſſen ſind, haben wir Verträge abgeſchloſſen, wonach wir uns verpflichtet haben, die Armen, solange sie hilfsbedürftig sind, zu unterstützen und die Beiträge zu den Sterbekassen zu zahlen. Dagegen werden nach dem Ableben der Unterstützten die Sterbegelder von den betreffenden Kassen in Höhe von 500 Mk., 600 Mk. und 1000 Mk. an uns gezahlt."

Ähnlich **Mühlhausen** i. Thür.:

„Hier bestehen kleinere Sterbekassen, Sterbegeld 150 Mk., Beitrag für jeden die Kasse betreffenden Sterbefall 20 Pf. Die Sterbekassenbücher werden von denen, die Unterstützung erhalten, der Armenverwaltung überlassen; die Armenverwaltung übernimmt die weitere Zahlung der Beiträge, sorgt im Falle des Todes für ein ordnungsgemäßes Begräbnis (kein Armenbegräbnis), dessen Kosten sich auf etwa 50 Mk. stellen, und vereinnahmt den verbleibenden Restbetrag von etwa 100 Mk."

In Hamburg ist die Frage sehr lebhaft zwischen der Armenverwaltung und der Vertretung der sogenannten Totenladen erörtert worden und hat zum Erlaß eines besonderen Gesetzes (vom 15. Juni 1898) geführt. **Hamburg** bemerkt hierüber:

„Wenn eine Sterbekasse, eine Totenlade oder ein sonstiger Dritter dem Unterstützten ein besseres Begräbnis, als die Armenverwaltung gewähren würde, zu Teil werden lassen will, so kann dies nicht verhindert werden. Haben die Angehörigen das Begräbnis besorgt, so wird ihnen, wenn es billig erscheint und die Armenverwaltung das Sterbegeld eingezogen hat, ein den Kosten des Armenbegräbnisses entsprechender Betrag vergütet. Nach früherem Recht konnte das Sterbegeld in allen Fällen eingezogen werden, in denen das Mitglied der Sterbekasse zur Zeit seines Todes unterstützt wurde; dieses Recht ist jedoch bezüglich der in Hamburg domizilierten Sterbekassen mit geringen Ausnahmen durch das Gesetz vom 15. Juni 1898 aufgehoben worden, demzufolge der Allgemeinen Armenanstalt ein Anspruch gegen die Sterbekassen nur noch insoweit zusteht, als sie für die Beerdigung eines Kassenmitgliedes auf Grund ihrer gesetzlichen Unterstützungspflicht Aufwendungen gemacht hat."

In **Elberfeld** wird angestrebt, daß alle in Unterstützung stehenden Personen das Sterbegeld abtreten und die Armenverwaltung die Beiträge zahlt und das Sterbegeld erhält; doch wird nur das gewöhnliche Armenbegräbnis gewährt. Weisen jedoch Kinder nach, daß sie die ganze oder doch lange Zeit die Beiträge entrichtet haben, so wird ihnen das Sterbegeld ganz oder teilweise gegen Übernahme der Beerdigung überlassen. Ähnlich in Bremen. Charlottenburg giebt an, daß bei Krankenkassenmitgliedern die auf Armenkosten beerdigt werden, das Sterbegeld, soweit möglich, zur Deckung der Aufwendungen in Anspruch genommen werde. In Dortmund werden einzelnstehende Personen, die in Armenunterstützung sich befinden, zur Abtretung der Sterbekasse an die Armenverwaltung veranlaßt, die alsdann die Beiträge zahlt. Wegen des Verhältnisses zu den Hinterbliebenen ist auf den folgenden Abschnitt zu verweisen.

Neben dieser eigentümlichen rechtlichen Natur des Sterbegeldes kommt noch einem anderen Moment, dem psychologischen, man darf fast sagen dem völkerpsychologischen Moment eine sehr bedeutsame Rolle zu. Nicht nur in

Deutschland und nicht nur in neuerer Zeit wird auf die Bestattung gerade in den ärmeren Volkskreisen ein hervorragender Wert gelegt. Es verknüpfen sich hier religiöse Vorstellungen mit Standesanschauungen vielfach auch vermischt mit abergläubischen Gebräuchen. Bei Personen, die in bitterster Armut leben, findet sich beim Ableben nicht selten ein Betrag, der ausdrücklich zur Ausrichtung eines besseren Begräbnisses bestimmt ist. Die folgende Bemerkung von Zittau kann daher auf allgemeinere Geltung Anspruch erheben:

„Es ist nicht selten beobachtet worden, daß Kinder keinen Pfennig erübrigten, um ihre alten Eltern zu unterstützen, und doch nach deren Ableben nicht billige Begräbnisarten auf eigene Hand bezahlten, einesteils um zu prunken, andernteils um nicht bekannt werden zu lassen, daß die Eltern Armengeld erhalten hatten."

Eben diesem psychologischen Moment verdanken die Sterbekassen ihren Aufschwung wie denn schon im alten Rom und im Mittelalter die Begräbnisbrüderschaften bei völligem Mangel sonstiger Fürsorgeeinrichtungen eine erhebliche Rolle spielen.

Diesem Moment trägt auch die Praxis in der großen Mehrzahl der Armenverwaltungen Rechnung. Nur vereinzelt wird in den Auskünften, z. B. von Altenessen, Bonn, Düsseldorf, Nürnberg bemerkt, daß nur Armenbegräbnisse gestattet werden. **Lübeck** führt in dieser Beziehung aus:

„Die Beerdigung der Armenpfleglinge wird von der Armenverwaltung beschafft. Eine andere Art der Beerdigung ist nicht gestattet, wenn nicht zuvor der Armenverwaltung alle ihr durch die Unterstützung des Pfleglings erwachsenen Kosten erstattet sind. Sterbegelder und Totenladengelder werden von der Armenverwaltung eingezogen und zur Deckung der Beerdigungs- und sonstigen Unterstützungskosten benutzt. Bestimmt das Statut der Sterbekasse oder Totenlade, daß die Auszahlung des Sterbegeldes nur an die Angehörigen des Verstorbenen erfolgen soll, so haben diese die Beerdigungskosten zu erstatten. Bezieht die Familie eine laufende Unterstützung, so wird diese bis auf weiteres eingestellt."

Die große Mehrzahl läßt dagegen die Ausrichtung eines besseren Begräbnisses von Personen, die bis zu ihrem Ableben dauernd unterstützt wurden, zu, sofern die Angehörigen sich hierzu erbieten oder der Verstorbene Mitglied einer Sterbekasse war. So heißt es in § 113 der **Berliner** Geschäftsanweisung:

„Für Personen, die zu einer Sterbekasse gehören, wird aus Armenfonds ein Armenbegräbnis nicht gewährt. Den Angehörigen solcher Personen bleibt es überlassen, das Begräbnis auszurichten. In Ermangelung von Angehörigen, die hierzu bereit sind, hat die Armenkommission das Sterbekassengeld einzuziehen und damit für ein angemessenes Begräbnis des Verstorbenen zu sorgen.

Den etwaigen Rest des Sterbekassengeldes haben die Armenkommissionen unter Beifügung der Rechnungen über die gehabten Auslagen bei der Armendirektion einzureichen. — Sollte die Auszahlung des Sterbekassengeldes an die Armenkommission von der Sterbekassenverwaltung verweigert werden, ohne daß letztere sich bereit erklärt hat, für das Begräbnis selbst zu sorgen, so ist ein Armenbegräbnis zu bewilligen.

Hierbei wird bemerkt, daß die meisten Sterbekassen nach ihren Statuten die Ausrichtung des Begräbnisses ihrer Mitglieder selbst übernehmen, wenn erbberechtigte Anverwandte nicht vorhanden sind."

Witten bemerkt über diesen Punkt:

„Die Ausrichtung eines besseren Begräbnisses erfolgt nur dann, wenn dies die Angehörigen aus eigenen Mitteln oder aus den Sterbegeldern bestreiten. Den Angehörigen wurde nur in wenigen Ausnahmefällen ein den diesseitigen Begräbniskosten entsprechender Betrag (12—15 Mk.) für Erwachsene und (7—10 Mk.) für Kinder gezahlt, wenn diese selbst in ärmlichen Verhältnissen leben und die verstorbene Person eines besseren Begräbnisses würdig war. In den Fällen, in welchen die Verstorbenen einer Sterbekasse angehörten, wurde denjenigen Angehörigen, welche Beiträge zu den Unterstützungskosten leisteten, das Sterbegeld zur zweckentsprechenden Verwendung überlassen."

Gotha schreibt:

„War ein Unterstützter Mitglied einer Sterbekasse und dergl. und befand sich das Sterbekassenbuch im Besitz von Angehörigen, so ist in der Regel über die Verwendung des Sterbekasseguthabens zu Begräbniszwecken schon verfügt, ehe die Armenverwaltung Kenntnis von dem Vorhandensein des Guthabens erhält und die gemachten Aufwendungen für das Begräbnis müssen gutgeheißen werden, auch wenn sie über die Kosten und Aufwendungen eines Armenbegräbnisses weit hinausgehen; denn der Zweck der Sterbekassen ist ja, ihren Mitgliedern ein sogenanntes ‚anständiges' Begräbnis zu sichern. In den Statuten ist meist ausdrücklich bestimmt, daß das Sterbegeld gegen Angriffe jedes Dritten zu anderen als Begräbniszwecken sichergestellt sein soll. Aber wir verlangen auch in solchen Fällen stets Rechnungslegung der Angehörigen, beanspruchen Auszahlung des etwa nach Bestreitung der Begräbniskosten verbliebenen Teils des Sterbegelds als Nachlaßbestandteiles des Verstorbenen, lassen auch mitunter Ausgaben, welche von den Angehörigen mehr im eigenen Interesse als zum Zwecke der Bestattung des Verstorbenen gemacht worden sind, nicht als abzugsfähig gelten.

Sind wir schon vor dem Sterbefall im Besitz des Sterbekassebuchs, so geben wir im Hinblick auf die Zweckbestimmung des Sterbegelds berechtigten Wünschen der Angehörigen auf Ausrichtung eines besseren als des Armenbegräbnisses nach, sofern sie sich in angemessenen Grenzen halten".

Ähnlich **Essen**:

„Die Ausrichtung eines besseren Begräbnisses, als es die Armenverwaltung gewähren würde, wird Angehörigen oder Freunden und Bekannten des Verstorbenen gestattet, auch wenn hierzu etwaige Bezüge aus Kassen, Sterbeladen u. s. w. Verwendung finden, zumal derartige Gelder satzungsgemäß von den betreffenden Kassen in der Regel nur an die Personen gezahlt werden dürfen, welche die Beerdigungskosten getragen haben und erfahrungsmäßig die Armenverwaltungen erst von dem Anspruch Verstorbener an derartige Kassenleistungen Kenntnis erhalten, wenn die Beerdigung auf vorgeschilderte Weise bereits stattgefunden hat oder angeordnet worden ist.

Ein derartiger Modus dürfte indes auch im Interesse jeder Armenverwaltung liegen, da er geeignet ist, möglichst viele Personen zu veranlassen, sich in Sterbekassen einzukaufen. Würde die Armenbehörde ein anderes Verfahren einschlagen, so liegt die Gefahr nahe, daß schon aus diesem Grunde ein Rückschritt eintreten würde. Grundsätzlich zahlt aber die diesseitige Stelle keinen den Kosten eines Armenbegräbnisses entsprechenden Beitrag, um es Angehörigen zu ermöglichen, die Ausrichtung eines besseren Begräbnisses zu bewirken."

Diesen von Essen betonten Standpunkt, in solchen Fällen keinen Zu-Zuschuß zu leisten, teilen die meisten Armenverwaltungen. Es kommt vereinzelt vor, daß ein den üblichen Kosten des Armenbegräbnisses entsprechender Beitrag gewährt wird, so z. B. in Bremen in Höhe von 30 Mk., auch in Elberfeld und Duisburg; wo überhaupt ein Zuschuß gewährt wird, beschränkt er sich in der Regel auf Teile des Begräbnisses. So wird z. B. ausnahmsweise in Breslau der Sarg, in Ruhrort die Grabstelle und der Leichenwagen, in Halle eine freie Begräbnisstelle bewilligt. **Erfurt** bemerkt, daß ein Zuschuß grundsätzlich nicht gewährt werde und fügt hinzu:

„Die bisherige Gepflogenheit, die Kosten für Grabstätte, Nummerstein, Trägerlohn u. s. w. zu übernehmen, ist beseitigt worden, weil unmäßiger Sargschmuck getrieben wurde".

In Freiburg giebt es 5 Begräbnisklassen. In der 5. wird Armenbegräbnis gewährt, während Klasse 4 bewilligt wird, wenn der Mehraufwand von den Angehörigen getragen wird. Von Gera wird berichtet, daß alle Personen mit einem Einkommen von weniger als 650 Mk. aus öffentlichen Mitteln, nicht aus Mitteln der Armenkasse, beerdigt werden, so daß Armenbegräbnisse selten vorkommen. In diesem Zusammenhange sei auch noch die folgende Bemerkung von **Frankfurt a. M.** erwähnt:

„Wenn alimentationspflichtige Angehörige, statt den Kranken zu unterstützen, große Auslagen für das Begräbnis machen, so kann dies ein Anlaß sein, bei Ersatzforderungen schärfer vorzugehen, als es sonst geschieht".

Formelle Sicherung der Ansprüche aus dem Sterbegeld.

Wird unter Umständen auf den Nachlaß verzichtet, z. B. zu Gunsten der Witwe, der Kinder, oder von Personen, die den Unterstützten gepflegt haben? Wird insbesondere für hinterbliebene Kinder das Ganze oder ein bestimmter Teil freigelassen?

Wo nach der im Vorstehenden erörterten Sach- und Rechtslage die Armenverwaltung zur Einziehung des Nachlasses oder des Sterbegeldes bezw. des Erlöses aus der Versteigerung und den Überschüssen des Sterbegeldes befugt ist, wird davon durchweg ein sehr milder Gebrauch gemacht, sofern es sich um bedürftige Hinterbliebene handelt. Es wird regelmäßig auf den ganzen oder einen Teil des Ertrages zu Gunsten der Witwe und zu Gunsten hinterbliebener Kinder verzichtet, in dem Sinn etwa, wie **Gotha** es ausführt:

„Verzichte der Armenverwaltung auf Ersatz ihrer Kosten aus dem Nachlaß des Verstorbenen an Sterbegeld oder sonstigem Vermögen sind dann gerechtfertigt, wenn die Hinterbliebenen (Witwe, Kinder und sonstige nahe Angehörige) bedürftig, aber voraussichtlich wenigstens nicht dauernd auf Armenunterstützungen angewiesen sind und wenn der Nachlaß nicht bedeutend ist, aber doch für die Hinterbliebenen zu besonderen Zwecken z. B. zur Ausstattung der Kinder bei Ergreifung eines Berufs, zum Zweck der Ausstattung mit Kleidung, Werkzeug u. s. w. von Nutzen sein kann.

Forderungen von Personen, welche nachweislich den Verstorbenen in der letzten Krankheit gepflegt haben, lassen wir, soweit sie sich in angemessenen Grenzen halten, das Vorrecht vor den Forderungen der Armenverwaltung".

Weißenfels bemerkt, daß derartige Überschüsse von der Armenkasse eingezogen und die Hinterbliebenen nötigenfalls anderweit unterstützt werden. In Wiesbaden wird ein Unterschied zwischen der eigenen Familie des Verstorbenen und zwischen Personen gemacht, die den Verstorbenen gepflegt haben; zu Gunsten der letzteren wird nicht verzichtet, während dies sonst ebenfalls bei zahlreichen Verwaltungen üblich ist. In einigen Städten wird ein bestimmter Teil für hinterbliebene Kinder freigelassen, so in Elbing, Frankfurt a. M. und Breslau ein Betrag von 150 Mk., in Halberstadt ein Betrag von 300 Mk. Dagegen bemerken Halle und Erfurt, daß der ganze Nachlaß u. s. w. in Anspruch genommen werde, wenn es sich um Vollwaisen handle, die nunmehr dauernd in öffentliche Pflege zu nehmen seien. **Hanau** giebt folgende Praxis zu erkennen:

„Stirbt ein Familienhaupt, welches sich in Unterstützung befunden hat, mit Hinterlassung von unselbständigen Kindern, dann wird der Nachlaß eingezogen, bis zur Bestellung des Vormundes untergestellt und dem Vormunde ein Verzeichnis des eingezogenen Inventars nebst Rechnung über die vorgelegten Unterstützungskosten behufs deren Deckung übergeben. In den meisten Fällen übersteigen die gemachten Vorlagen den Wert des Nachlasses und wird dieser mit obervormundschaftlicher Genehmigung der Armenverwaltung überlassen. In denjenigen Fällen, in welchen der Erlös des Nachlasses u. s. w. größer ist, als die von der Armenverwaltung gemachten Vorlagen betragen, werden die unmündigen Kinder von dem Mehrerlös unterhalten bezw. wird dieser durch den Vormund zu Gunsten der Kinder verwaltet."

II. Erstattung durch Angehörige.

Besteht ein dem § 65 des Preußischen Ausführungsgesetzes ähnliches Verwaltungsverfahren? Wird mangels eines solchen die Erstattung im Wege des Civilprozesses betrieben? Werden zur Durchführung des Verfahrens andere Behörden in Anspruch genommen; werden Versuche gemacht, Angehörige, die in ausländischen Staaten wohnen, durch Vermittelung der Gesandtschaften oder Konsulate heranzuziehen?

Über die Frage des Verwaltungszwangsverfahrens wird, wie schon im Eingang erwähnt, der Korreferent genauer berichten. Hier sei noch bemerkt, daß eine Reihe von Verwaltungen z. B. Bernburg, Coburg ausdrücklich hervorheben, daß von dem Verfahren bei seiner gewissen Aussichtslosigkeit noch niemals Gebrauch gemacht worden sei. Dasselbe bemerkt Frankfurt a. O. mit dem Hinzufügen, daß im Falle erfolgreicher Durchführung die Verpflichteten die Arbeit verlassen. Ähnlich sagt Oldenburg, daß von dem

Verfahren selten Gebrauch gemacht werde, weil kein praktischer Erfolg zu erwarten sei, indem die Betroffenen sich durch Fortzug ihrer Verpflichtung entziehen oder weil sie kein pfändbares Einkommen haben oder dergl. Einen mit der Zuständigkeit der Spruchbehörde zusammenhängenden Beschwerdepunkt heben Potsdam und Breslau hervor.

Potsdam schreibt:

„Für Preußen besteht ein außerordentlicher Mangel der Gesetzgebung in dem § 59 des Gesetzes über die allgemeine Landesverwaltung vom 30. Juli 1883, da in Streitsachen aus § 65 des Preuß. Ausführungsgesetzes die Stadtgemeinde, welche als Armenverband die Angehörigen der Unterstützten zur Alimentation der letzteren heranzieht, als „beteiligt" gilt und daher nicht der örtliche Stadtausschuß zuständig ist, vielmehr ein anderer Stadtausschuß zur Entscheidung der Streitsache bestimmt werden muß.

Es liegt zunächst kein hinreichender Grund vor, den örtlichen Stadtausschuß als befangen anzusehen. Die Ernennung eines anderen Stadtausschusses hat aber zunächst den Nachteil gegen sich, daß dem Beklagten die Wahrnehmung seiner Rechte und Interessen durch die Notwendigkeit, vor einer auswärtigen Behörde sein Recht zu suchen, sehr erschwert und verteuert, ja unter Umständen (bei beschränktem Einkommen und dem Mangel an Gewandtheit im Gebrauch der Feder) unmöglich gemacht wird. Die Wahrung des ordentlichen Gerichtsstandes des Wohnorts für den Beklagten ist wichtiger als die im übrigen unbegründete Befürchtung der Befangenheit des örtlichen Stadtausschusses. — Der örtliche Stadtausschuß ist nach seiner Kenntnis der örtlichen Verhältnisse leichter und zuverlässiger die Alimentationsfähigkeit der Beklagten zu beurteilen imstande wie ein auswärtiger Stadtausschuß. — Aus der Verschiedenheit des Domizils der Spruchbehörde und der Parteien ergiebt sich ferner die Verlängerung des Verfahrens und der Mangel der mündlichen Verhandlung. Es ist daher überaus wichtig, daß die Anwendbarkeit des § 59 litt. auf derartige Streitsachen im Wege der Gesetzgebung ausgeschlossen werde."

Wo ein Verwaltungszwangsverfahren nicht besteht oder wo dessen Anwendung im einzelnen Falle nicht gegeben ist, wird der Civilweg beschritten, über dessen rechtliche Zulässigkeit ein Zweifel nirgends besteht. Dagegen bietet auch hier wieder die praktische Durchführung in der Vollstreckungsinstanz so große Schwierigkeiten, daß auch von diesem Verfahren, wie es scheint, nur geringer Gebrauch gemacht wird. Von besonderen Fällen abgesehen verfügt der verpflichtete Angehörige in der Regel nur über seinen Arbeitslohn, der vielfach mehr als ausreichend ist, um die Bedürfnisse zu decken, namentlich wenn der Ehemann seine Familie verlassen hat und nur für sich selbst zu sorgen hat. Da aber der Arbeitslohn nur für die laufenden Unterhaltsansprüche der Ehefrau und der Kinder pfändbar ist, so versagen die Gerichte die Vollstreckung für die Forderungen der Armenverwaltungen, weil es sich bei diesen immer um Rückstände handelt, die nachträglich beigetrieben werden sollen.

Die Inanspruchnahme anderer Behörden zur Durchführung des Verfahrens ist im Wege der Rechtshilfe allgemein üblich. In erster Linie sind es die Armenverwaltungen und Gemeindeverwaltungen selbst, in zweiter

Linie die Polizeibehörde. Versuche, durch Vermittlung ausländischer Behörden die Heranziehung von Angehörigen zu bewirken, sind nicht häufig; daß sie gemacht werden, wird von Berlin, Hamburg, Thorn, Aachen, Wiesbaden, Elberfeld, Stuttgart, Dortmund und einigen andern berichtet. Fast durchweg wird dabei der geringe Erfolg dieser Bemühungen hervorgehoben. Doch kommt vereinzelt die entgegengesetzte Meinung zum Ausdruck. So schreibt **Karlsruhe**:

„Auch waren die bisherigen Versuche, Angehörige, die in ausländischen Staaten wohnen, durch Vermittelung des Auswärtigen Amtes heranzuziehen, von günstigem Erfolge."

Freiburg bemerkt, daß man in regelmäßigem Verkehr mit den schweizerischen Behörden stehe, die dem Ersuchen in anerkennenswerter Weise entgegenkommen. **Stuttgart** schreibt:

„Nur in ganz vereinzelten Fällen ist zur Bewirkung der Ersatzleistung von im Ausland wohnenden Angehörigen die Vermittlung der Gesandtschaften oder Konsulate erbeten worden oder wurde ein Gesuch gerichtet an die für die Ausstellung von Heimatscheinen zuständigen Behörden um Verweigerung der Ausstellung von solchen bis zu ganzer oder teilweiser Erfüllung der Ersatzauslage oder um Beschränkung der Gültigkeitsdauer der Legitimationspapiere behufs der Ermöglichung einer Kontrolle bezw. einer baldigen Wiedereinwirkung zur Erlangung des geforderten Ersatzes von dem Pflichtigen. — Die Lohnbeschlagnahme hat erfahrungsgemäß für den Armenverband wenig oder selten positiven Erfolg, da die von ihr Betroffenen durch Lösung des Arbeitsverhältnisses derselben sich entziehen."

Köln nimmt, wenn die betreffende Personen in nahe belegenen Ländern z. B. Belgien oder Holland wohnen, mitunter die dortigen Polizeibehörden mit Erfolg um Mitwirkung unmittelbar in Anspruch.

Erfurt bemerkt:

„Es gelang durch das Konsulat einen ausgewanderten in Baltimore in bessere Verhältnisse gekommenen Vater zur Zahlung des Überfahrtgeldes und zur Übernahme des Kindes (Lloydhilfe) zu bewegen. Auch Handelskonsulate geben über die Lage von Personen, für die sich die Armenverwaltung interessiert, bereitwilligst Auskunft."

Wird neben der strafrechtlichen Verfolgung (§ 361[10] Str.G.B.) auch der Erstattungsanspruch geltend gemacht? Werden die Unterstützten in erster Linie angehalten, gegen ihre Angehörigen auf Gewährung des Unterhalts vorzugehen?

Werden die Angehörigen in erster Linie zur Übernahme ihres Angehörigen in eigene Fürsorge angehalten, oder wird unter gleichzeitiger Fortzahlung der Unterstützung nur der Erstattungsanspruch ganz oder teilweise verfolgt?

Auch hier ist auf die Behandlung der Frage im Vorjahre und das dort mitgeteilte umfangreiche Material zu verweisen. Die Geringfügigkeit der Erfolge bei strafrechtlichem Vorgehen wird auch in Ansehung der Verfolgung civilrechtlicher Ansprüche von den meisten Verwaltungen beklagt. Gleichwohl bildet ein derartiges Vorgehen das einzige Mittel, um den Angehörigen ihre Pflichten zum Bewußtsein zu bringen. Diesen Gesichtspunkt hebt Freiburg in der Bemerkung hervor, daß bei Bestimmung der Beiträge weniger auf die Höhe geachtet werde, als vielmehr darauf, den Verpflichteten das Bestehen der Pflicht stets zum Bewußtsein zu bringen. In der großen Mehrzahl der Armenverwaltungen wird daher auch von beiden Mitteln, der strafrechtlichen Verfolgung des § 361 [10] und der Verfolgung des Erstattungsanspruchs Gebrauch gemacht. Leipzig und Potsdam bemerken, daß sie diesen Weg nur vereinzelt beschreiten, während Elberfeld, Krefeld, München=Gladbach, Witten ein gleichzeitiges Vorgehen für praktisch zwecklos erachten. Freiburg bemerkt, daß das eine Verfahren das andere ausschließe und Halberstadt, daß nur eines von beiden sich zweckmäßig durchführen ließe. Mainz läßt auch das Strafverfahren neben dem Erstattungsverfahren eintreten, sieht aber von ersterem ab, sobald Ersatz geleistet wird. Zweifellos bietet aus den schon an anderer Stelle dargelegten Gründen das Verfahren in beiden Fällen im Verhältnis geringe praktische Ergebnisse. Gleichwohl wird man darauf nicht verzichten können, solange wirksamere Mittel nicht gegeben sind.

Ganz dasselbe gilt von dem Mittel, die Unterstützten anzuhalten, gegen ihre Angehörigen direkt vorzugehen und dem Mittel, die Angehörigen zur Übernahme ihrer hilfsbedürftigen Angehörigen in eigene Fürsorge anzuhalten, die beide von der Mehrzahl der befragten Verwaltungen angewendet werden. In welchem Umfange dies geschehen kann, ist eine Thatfrage und hängt wesentlich von den Verhältnissen der Unterstützten und ihrer Angehörigen ab. Wo die Verhältnisse so beschaffen sind, daß die Fürsorge ohne weiteres eintreten kann, so z. B. wenn Eltern bei ihren auskömmlich verdienenden Kindern wohnen, wird die Unterstützung ohne weiteres eingestellt und der Unterstützte auf die Fürsorge für diese Angehörigen verwiesen werden können. Wo Kinder wegen zeitweiliger Abwesenheit der Eltern von der Armenpflege versorgt wurden, empfiehlt es sich, sie den Eltern wieder zuzuführen, wenn diese in geordnete Verhältnisse zurückgekehrt sind. Sind die Unterstützten und ihre Angehörigen räumlich voneinander getrennt, so wird die Versagung der Unterstützung und die Verweisung an die Angehörigen mit größerer Vorsicht geschehen müssen, weil der Bedürftige zunächst nicht ohne Hilfe gelassen werden kann. In solchen Fällen wird dann eine Frist zu stellen sein, innerhalb deren die Unterstützten, nötigenfalls im gerichtlichen Wege gegen ihre Angehörigen vorgehen und dies der Armenverwaltung nachweisen müssen. In solchen Fällen wird auf Antrag das Armenrecht zu bewilligen sein. Unter Umständen ist auch eine gewisse Strenge in der Form der Unterstützung angezeigt, sodaß da, wo unbedingt leistungsfähige Angehörige sich ihrer Pflicht beharrlich entziehen, die bare Geldunterstützung in offener Pflege versagt und lediglich die Aufnahme in das Armenhaus gewährt wird. Dies wird namentlich dann wirksam sein, wenn es sich um ein Einverständnis beider Teile handelt, die in der oft zu hörenden Behauptung ihren Ausdruck findet, die Stadt müsse ja doch für die Armen sorgen. Andererseits sind allerdings auch besondere Familienverhältnisse, Verfeindungen, wie sie namentlich häufig zwischen Schwiegereltern und Schwiegerkindern wahrnehmbar sind, zu berücksichtigen. So bemerkt **Gießen**, daß zum Vorgehen gegen Angehörige im allgemeinen dort nicht angehalten werde, „da hierdurch gewöhnlich ein späteres Zusammen=

leben erschwert wird; auch kommt in Betracht, daß die Unterstützten die Sache gewöhnlich nicht energisch betreiben."

Bei **Hamburg** heißt es:

„Die Unterstützten werden zwar angehalten, gegen ihre Angehörigen die Alimentationsklage zu erheben; vielfach weigern sie sich indessen, dies zu thun, teils weil es ihnen innerlich widerstrebt, ihre Angehörigen zu verklagen, teils weil sie mit denselben im Einverständnisse sind und die Heranziehung verhüten wollen."

Ein anderer wichtiger Gesichtspunkt wird von Lübeck hervorgehoben, daß die Aufforderung, gegen die Angehörigen vorzugehen, meist vergeblich sei, weil sich die Unterstützten von dem Vorgehen der Armenverwaltung mehr Erfolg versprechen. Ähnlich bemerkt auch Stuttgart, daß das Vorgehen der Armenverwaltung meist wirksamer sei. Beachtenswert ist auch die folgende Äußerung von **Aachen**:

„Ob es zweckmäßiger erscheint, das Verwaltungszwangsverfahren anzuwenden oder die Unterstützungsbedürftigen auf den Weg der Privatklage zu verweisen, muß sich aus der Lage des Falles ergeben. Muß Unterstützung eintreten, dann empfiehlt sich in der Regel das erstere wegen der Aussicht auf größeren und schnelleren Erfolg. Es ist aber hierbei zu berücksichtigen, daß die Armenverwaltung auf diesem Wege nur das von ihr Gewährte wieder einziehen kann; geht das Bedürfnis des Unterstützten einerseits und die Leistungsfähigkeit des in Anspruch genommenen andererseits hierüber hinaus, dann empfiehlt sich die Anstrengung der Privatklage durch den Unterstützten selbst. Eine Ablehnung der Unterstützung unter Verweisung auf diesen Weg ist aber nicht unter allen Umständen zulässig.

Die Übernahme eines Unterstützten in die eigene Fürsorge eines Angehörigen wird nur äußerst selten verlangt; in der Regel wird nur der Erstattungsanspruch nach den angegebenen Grundsätzen verfolgt."

Werden die verschiedenen Kategorien von Angehörigen verschieden behandelt, z. B. der Ehemann und der Vater gegenüber Ehefrauen und Kindern strenger als Kinder gegenüber Eltern?

Im ganzen geht die Neigung dahin, Eltern und Ehemänner strenger zu behandeln, als andere Angehörige; doch sind es etwa 15 Armenverwaltungen, die die gestellte Frage dahin beantworten, daß bei der Verfolgung der Ansprüche kein Unterschied gemacht werde. Bremen bemerkt dagegen, daß eine verschiedene Behandlung der verschiedenen Kategorien der Angehörigen schon dadurch bedingt sei, daß der Arbeitslohn der Eltern und des Ehemanns für ihre Familie der Pfändung unterliege.

Wenn Angehörige nachträglich zu Vermögen gelangen, werden sie auch für frühere Unterstützung haftbar gemacht, oder sind sie nur von dem Zeitpunkt an verpflichtet, von dem ab sie in der Lage waren, die Fürsorge zu übernehmen?

Von der überwiegenden Mehrzahl der Verwaltungen wird die Auffassung vertreten, daß eine Haftung für früher gewährte Unterstützungen nur insoweit anzunehmen sei, als der verpflichtete Angehörige bereits zur Zeit der Gewährung der Unterstützung in der Lage war, die Unterstützung zu erstatten oder, wie Siegen es ausdrückt, „in der Bedürfniszeit zur Erfüllung

nur einer Pflicht vermögend war." Im Sächsischen Bürgerlichen Gesetz=
buch § 1848 ist dies ausdrücklich ausgesprochen:

„Im Falle des Unvermögens des Verpflichteten besteht auf die Dauer
desselben eine Verpflichtung zum Unterhalte nicht; kommt er später zu Ver=
mögen, so ist er für die Vergangenheit nachzuzahlen nicht verbunden."

Mannheim bemerkt, daß nach feststehender, dem Gesetz entsprechender
Verwaltungspraxis die Haftung nur von diesem Zeitpunkt ab eintrete. —
Bonn ist der Meinung, daß eine Verpflichtung auch für frühere Unter=
stützungen vorliege und bemerkt, daß gegenwärtig ein in den ersten Instanzen
allerdings abgewiesener Rechtsstreit dieser Art beim Reichsgericht schwebe.
Auch Charlottenburg, Essen, Freiburg, Göttingen, Spandau, Leipzig, Mül=
hausen, Hörde, Potsdam stehen auf dem gleichen Standpunkt, während
einige andere, so Wiesbaden und Bromberg, bemerken, daß zwar die Ein=
ziehung betrieben werde, sie jedoch nur als ein Versuch zu betrachten sei,
da eine gesetzliche Verpflichtung nicht bestehe. Thorn fügt hinzu, daß sich
zur freiwilligen Zahlung wohl schwerlich jemand entschließen werde. Daß,
wie einige Verwaltungen noch besonders hervorheben, die Einziehung bei
wesentlicher Veränderung der Verhältnisse, wie Erbschaft, Lotteriegewinn
und dergl. gemacht werde, ist wohl selbstverständlich. Soweit meine prak=
tische Erfahrung reicht, ist, obwohl eine gesetzliche Verpflichtung zweifellos
nicht vorliegt, der Erfolg derartiger Bemühungen vielfach nicht ungünstig.
Es kommt nicht so selten vor, daß Kindern, die zu Vermögen gelangt sind,
es peinlich ist, daß ihre Eltern aus öffentlichen Mitteln haben unterstützt
werden müssen, sodaß sie dann bereit sind, der Armenkasse ihren Aufwand
voll zu ersetzen.

Eine andere Frage, die ich in den Äußerungen der Verwaltungen auf=
fallenderweise garnicht berührt finde, ist die, ob lediglich die Fähigkeit zur
Unterhaltung zur Zeit der Gewährung der Unterstützung ausreicht, oder ob
nicht auch eine Bemühung der Armenverwaltung hinzugetreten sein müsse.
Wenn die Armenverwaltung es versäumt hat, sich um die nährpflichtigen
Angehörigen zu kümmern und erst später durch Zufall oder vielleicht durch
eine planmäßige Reorganisation — wie es z. B. 1893 in Hamburg der
Fall war — dazu gelangt, die Leistungsfähigkeit der Angehörigen wahr=
zunehmen und nunmehr gegen sie vorzugehen, so wird sie sich den Einwand
entgegensetzen lassen müssen, daß ein Aufwand aus öffentlichen Mitteln nicht
notwendig gewesen wäre, da bei rechtzeitiger Benachrichtigung der Angehörige
für den Unterhalt weiter gesorgt haben würde. Es bliebe dann nur der
Gegennachweis, daß der Angehörige gewußt habe, oder daß es ihm bei
einiger Aufmerksamkeit nicht habe entgehen können, daß der betreffende An=
gehörige aus öffentlichen Mitteln unterstützt werden müßte.

Insbesondere:
A. Der Ehemann.

Wird der geschiedene, aber nicht für schuldig erklärte Ehemann herangezogen,
wenn die Kinder sich bei der unterstützten Mutter befinden?

Wird statt direkten Vorgehens gegen den Ehemann die Ehefrau angehalten,
selbständig gegen den Mann in der Weise vorzugehen, daß sie zunächst die Befugnis

erwirkt, von ihm getrennt zu leben und er zur Leistung des Unterhalts (etwa im Wege der einstweiligen Verfügung) verpflichtet wird, und im weiteren Verlauf so, daß die Ehefrau veranlaßt wird, die Scheidung von dem Manne zu erwirken.

Auch hier ist wieder an die vorjährigen Verhandlungen zu erinnern. Über die beklagenswerte Ausdehnung des Übels der Verlassung der Familie und der damit verbundenen socialen Schäden giebt es keine Meinungsverschiedenheit. Auch die Rechtslage ist in diesen Fällen ganz klar. Der als der schuldige Teil erklärte Vater ist genau ebenso verpflichtet, seine Familie zu erhalten, wie derjenige, der sie verlassen hat, ohne daß die Scheidung förmlich ausgesprochen ist. Aber auch in den Fällen, in denen der Ehemann für den nicht schuldigen Teil erklärt ist oder beide Teile als schuldig erachtet sind, bleibt dem von der Familie getrennt lebenden Vater die Pflicht, für seine Kinder zu sorgen. Im Sinne dieser Verpflichtung findet dann auch bei fast allen Armenverwaltungen diese Heranziehung, sofern sie im übrigen aussichtsvoll erscheint, statt.

Anders liegt es dagegen im Falle der Verlassung bei bestehender Ehe. Zwar ist auch hier die Rechtslage völlig ohne Zweifel. Der Ehemann kann verlangen, daß seine Ehefrau zu ihm zurückkehrt; die Frau kann unter bestimmten Voraussetzungen die Befugnis erwirken, von dem Manne getrennt leben und von ihm Unterhalt außerhalb seiner Wohnung verlangen zu dürfen. Die Schwierigkeit liegt in der praktischen Handhabung, bei der neben armenpflegerischen wesentliche sociale Gesichtspunkte in Betracht kommen. Hierüber äußern sich einige Verwaltungen in sehr zutreffender Weise. So bemerkt der Bürgermeister von **Stoppenberg**:

„Jedenfalls bin ich sehr dagegen, den Ehefrauen zur Erlangung der Befugnis zum Getrenntleben von ihrem Manne irgend wie behilflich zu sein, da derartige Zustände meines Erachtens das größere der beiden Übel ist. In derartigen Fällen werden die erforderlichen Schritte den beteiligten Ehegatten überlassen."

Eine ähnliche Auffassung herrscht in dem benachbarten **Altenessen**:

„Entfernt sich die Frau aus irgendwelchen Gründen aus der ehelichen Wohnung, so wird derselben nach entsprechender Information durch Anhörung des Mannes aufgegeben, zu letzterem zurückzukehren, oder aber die richterliche Befugnis zum Getrenntleben zu erwirken. Erfreulicherweise hat dieses Verfahren noch stets zur dauernden Wiedervereinigung der Ehegatten geführt, woraus zu entnehmen ist, daß die Trennung meist infolge momentaner Erregung, deren Folgen im Augenblick nicht übersehen werden, stattfindet."

Bei **Elberfeld** heißt es:

„Wenn eine Ehefrau der Armenpflege anheim fällt, wird immer gegen den Ehemann direkt vorgegangen. Es wird in solchem Falle nicht die Frau angehalten, dies zu thun. Insbesondere wird nicht auf Trennung und Scheidung, vielmehr auf Erhaltung oder Wiederherstellung des Familienlebens hingewirkt. Nur wenn die Ehefrau wegen brutaler Behandlung und Bedrohung des Schutzes bedarf, wird derselben ein Unterkommen und Unterstützung gewährt und gleichzeitig gegen den Ehemann vorgegangen."

Bei **Erfurt**:

„Im übrigen läßt sich bei Auflösung der Familieneinheit zunächst nur schwer erkennen, wer der schuldige Teil ist und so enthält sich bei Gestaltung des ferneren Ehelebens die Armenverwaltung am besten jeder Einwirkung, umsomehr als häufiger beobachtet wurde, daß sich die Leute wiederfinden."

In ähnlicher Weise spricht sich auch Mühlheim a. d. Ruhr aus.

Bei **Gotha** heißt es:

„Wiederholt sind hier Fälle vorgekommen, wo der Ehefrau nicht zugemutet werden konnte, mit dem Ehemann, der ein Trunkenbold und roher, gewaltthätiger Mann war, zusammen zu leben. In solchen Fällen haben wir der Ehefrau geraten, die Wohnung auf eigenen Namen zu mieten, dem Ehemann das Betreten der Wohnung (event. mit polizeilicher Hilfe) zu verbieten und die gerichtliche Scheidung herbeizuführen. Leider lagen die Verhältnisse (Vermögens- und Erwerbsverhältnisse des Ehemannes) auch stets so, daß keine Aussicht bestand, den Ehemann im Wege einstweiliger gerichtlicher Verfügung oder im Verwaltungsbeitreibungsverfahren zur Leistung eines Beitrags zum Unterhalt anhalten zu können."

Witten bemerkt:

„Wenn die Ehefrau wegen Mißhandlung, Trunksucht u. s. w. mit dem Ehemann nicht zusammenlebt, so wird sie angehalten, gegen den Ehemann selbständig vorzugehen."

Dagegen **Stuttgart**:

„Einer Einwirkung auf die Ehefrau gegen den Ehemann auf Wiederherstellung des ehelichen Lebens, Befugnis zum Getrenntleben, Ehescheidung zu klagen, enthält sich die Armenbehörde fast durchweg."

Wiederum **Weißenfels**:

„Statt des direkten Vorgehens gegen den Ehemann wird es angebrachter sein, die Ehefrau anzuhalten, selbständig gegen den Mann in der Weise vorzugehen, daß sie zunächst die Befugnis erwirkt, von ihm getrennt zu leben und er zur Leistung des Unterhalts verpflichtet wird, und im weiteren Verlauf so, daß die Ehefrau veranlaßt wird, die Scheidung von dem Manne zu erwirken."

Und **Hamburg**:

„Regelmäßig wird die Frau angehalten, selbst gegen den Mann vorzugehen. Kann sie dazu nicht veranlaßt werden — zu welchem Zwecke, wenn möglich, die zeitweise Einstellung oder Ermäßigung der Unterstützung in Anwendung kommt — so geht die Armenverwaltung gegen den Mann vor."

Ähnlich **Aachen**:

„Es empfiehlt sich dies in allen den Fällen, in denen der von seiner Frau getrennt lebende Mann sich bereit erklärt, seine Familie bei sich aufzunehmen, sodaß ihm mit Erstattungsansprüchen gesetzlich nicht beizukommen ist, und in denen die Frau sich weigert, diesem Verlangen nachzukommen, wenn nicht nachzuweisen ist, daß diese Weigerung begründet ist und die Einstellung der Unterstützung als eine Härte erscheinen muß. In solchen Fällen erscheint das gerichtliche Ehescheidungsverfahren als das einzige Mittel, Klarheit zu bekommen, bezw. eine Handhabe zu weiterem Vorgehen gegen den Mann oder einen rechtlichen Grund zur Einstellung der Unterstützung zu erlangen."

Und **Freiberg**:

„Solange die Scheidung nicht erfolgt ist, wird statt direkten Vorgehens gegen den Ehemann die Veranlassung der Frau zur Herbeiführung entsprechender gerichtlicher Entscheidungen vorgezogen."

In gleicher Weise auch Düsseldorf und Duisburg. In der großen Mehrzahl der Verwaltungen, die sich nicht ausführlicher ausgesprochen haben, wird bemerkt, daß die Ehefrau zum selbständigen Vorgehen gegen den Ehemann angehalten werde. Verneint wird die Frage bei Bonn, Bromberg, Charlottenburg, Coburg, Zittau, bei Gießen mit dem Hinzufügen, daß direktes Vorgehen der Armenverwaltung sich praktischer erwiesen habe. Mülheim a. Rh. entschließt sich dazu, sofern hierdurch das Eintreten der Armenverwaltung vermieden werden kann.

Potsdam klagt über den geringen Erfolg und fügt hinzu:

„Die Erfolglosigkeit liegt auch hauptsächlich in der schweren Zugänglichkeit der Gerichte für das Publikum niederer Stände und in den Schwierigkeiten, welche von den Gerichten den Rechtsuchenden gemacht werden."

B. Eltern gegenüber unselbständigen Kindern.

Verpflichtung der Eltern, zu den Kosten der Unterbringung der Kinder außerhalb des elterlichen Haushalts beizutragen, namentlich für Kosten der Anstaltspflege bei gebrechlichen Kindern.

Die Beantwortung der Frage lautet bei fast allen Verwaltungen übereinstimmend dahin, daß die Eltern für verpflichtet erachtet werden, zu den Kosten der Unterbringung beizutragen, wobei die allgemeinen Grundsätze zur Anwendung gelangen. Bonn hebt ausdrücklich hervor, daß hierauf streng gehalten und die Übernahme, wenn möglich, von Zahlung eines Zuschusses abhängig gemacht werde. Bei gebrechlichen Kindern, die, wenn sie sich im Haushalte befinden, sehr erhebliche Kosten verursachen, wird meist einige Milde geübt, da, wie Gotha bemerkt, „es meist die ärmlichen Verhältnisse sind, die die Unterbringung notwendig machen." Zweckmäßig kommt dieser Gesichtspunkt in dem nachfolgenden Formular zum Ausdruck, das bei der Erhebung über die häuslichen Verhältnisse in **Berlin** benutzt wird.

Urschriftlich der .... Armen-Kommission zur gefälligen Aufnahme des großen Verhörbogens und gutachtlichen Äußerung über die Vermögenslage und die Notwendigkeit der Aufnahme des Kindes in die Idiotenanstalt.

Der Herr Armenarzt ist zu veranlassen, den anliegenden Fragebogen in recht deutlicher Schrift auszufüllen.

Bei Beurteilung der Frage, ob und in welcher Höhe das Familienhaupt zur Zahlung eines Verpflegungsbeitrages heranzuziehen ist, muß die große Erleichterung, welche durch die Abnahme der Ernährung, Wartung und Pflege des idiotischen Kindes gewährt wird, in Betracht gezogen werden.

Auch ist zu berücksichtigen, daß die Zahlung eines, wenn auch geringen Verpflegungsbeitrages das Mittel ist, um die Familienzugehörigkeit solches unglücklichen Wesens den alimentationspflichtigen Verwandten zum Bewußtsein zu bringen u. s. w.

München-Gladbach schreibt:

„Wenn Kinder seitens der Armenverwaltung in Anstaltspflege unterzubringen sind, so werden die Eltern, wenn sie überhaupt dazu fähig sind, verpflichtet, einen angemessenen, event. mäßigen Beitrag zu den Pflegekosten zu zahlen, wozu sie sich auch durchweg freiwillig verstehen. Die Beiträge werden in der Regel mit Einwilligung des Verpflichteten in wöchentlichen Raten durch die hierum ersuchten Arbeitgeber für die Armenverwaltung einbehalten, wodurch die regelmäßige Zahlung besser gesichert ist, als wenn die Angehörigen die Beiträge selbst jedesmal zur Armenverwaltung bringen müßten."

C. Eltern gegenüber selbständigen Kindern.

Inwieweit werden die Eltern als erstattungspflichtig erachtet, wenn es sich um Kinder handelt, die wirtschaftlich völlig selbständig sind; ferner, wenn sie den elterlichen Haushalt verlassen haben; endlich, wenn sie nachweislich den Eltern schon vielfach Kosten verursacht haben, unverbesserliche Müßiggänger, Trunkenbolde, Dirnen u. s. w. sind, von denen sich die Eltern losgesagt haben.

Die Rechtslage ist auch in den hier zu behandelnden Fällen durchaus klar. Die Verpflichtung der Eltern gegenüber ihren Kindern ist unabhängig von ihrem Lebensalter und ihrer wirtschaftlichen Selbständigkeit. Gleichwohl ist, abgesehen von den auch hier wiederkehrenden Schwierigkeiten der praktischen Durchführung, die Praxis im allgemeinen milder. Es wird mit Recht der Schwerpunkt darauf gelegt, daß nicht durch einen Armenfall deren mehrere geschaffen werden und daß Leute in höherem Alter nicht durch die Fürsorge für ihre Kinder in ihrer eigenen Wirtschaft gefährdet werden. In diesem Sinne hebt Erfurt hervor, daß für verheiratete Kinder, deren Familien unterstützt werden müssen, ein Unterstützungsanspruch an die Eltern selten geltend gemacht werde. Zweckmäßig werden diese Gesichtspunkte in der folgenden Äußerung von **Guben** betont:

„Derartige Fälle werden einer besonderen eingehenden Prüfung unterzogen. Sind die Eltern sehr vermögend, dann werden diese zur Fürsorge der selbständigen Kinder veranlaßt und zwar, wenn angängig, so zeitig, daß ein Eingreifen der Armenverwaltung vermieden wird. Unverbesserliche Müßiggänger, Trunkenbolde u. s. w. werden nach Anhörung der Eltern event. zur Rückkehr in die Familie oder zur Übersiedelung in eine geeignete Anstalt zu bewegen gesucht.

Können die Eltern nur ein mäßiges Vermögen ihr eigen nennen, dann wird von Erstattungsmaßregeln gegen sie abgesehen. Es erscheint hart, wenn in Einschränkung lebende Eltern ihr kleines Vermögen für erwerbsfähige und wirtschaftlich selbständige Kinder hingeben sollen, um vielleicht schließlich selbst darben zu müssen. Daher werden in solchen Fällen in erster Linie die Unterstützten zur Erstattung angehalten und zu diesem Zwecke die Verhältnisse derselben ständig kontrolliert und zwar so lange, bis entweder Einziehung der Kosten erfolgt oder deren Nichtbeitreibung amtlich festgestellt ist."

Witten bemerkt hierüber:

„Die Eltern wirtschaftlich völlig selbständiger resp. solcher Kinder, welche verheiratet sind und einen eigenen Haushalt bilden, werden nur dann herangezogen, wenn sie Vermögen besitzen. Für alleinstehende erwachsene Kinder, welche den elterlichen Haushalt verlassen haben und hilfsbedürftig werden (auf Wanderschaft, Dienstboten u. s. w.), werden die Eltern durchweg angehalten, nach Kräften zu sorgen bezw. die Auslagen zu erstatten. — Für Müßiggänger, Dirnen u. s. w. zu sorgen, werden dem Arbeiterstande angehörende Eltern nur dann angehalten, wenn feststeht, daß sie durch mangelhafte Erziehung, schlechtes Beispiel u. s. w. an der Verkommenheit der Kinder die Schuld tragen."

Feste Beitragssätze hat nur Aachen aufgestellt (vergl. oben S. 10). Mainz bemerkt, daß ein fester rechnerischer Maßstab noch nicht aufgestellt, seine Aufstellung aber beabsichtigt sei. Bis dahin erfolge die Bemessung der Beiträge von Fall zu Fall.

In Ansehung derjenigen Kinder, die den Eltern schon vielfach Kosten verursacht haben, unverbesserliche Müßiggänger u. s. w. sind, wird in einer Reihe von Verwaltungen Milde geübt. Hamburg läßt hierbei in Betracht fallen, ob die Eltern eigenes Verschulden trifft und ob sie so wohlhabend sind, daß die Erstattung einen irgend erheblichen Einfluß auf ihre Vermögenslage nicht hat. Die Rechtslage ist nicht ganz unzweifelhaft. Stoppenberg bemerkt zwar, daß die Lossagung der Eltern von den Kindern keine gesetzliche Grundlage habe, während **Elberfeld** sich wie folgt äußert:

„Wenn Eltern sich mit Recht von den Kindern wegen schlimmen Verhaltens derselben losgesagt haben und dies geltend gemacht wird und anerkannt werden muß, muß die Unterstützungspflicht als aufgehoben angesehen werden. Entscheidungen des Reichsgerichts Band V Nr. 40, S. 154 ff."

Auch **Stuttgart** schreibt:

„Bei schlechter Aufführung der Kinder, insbesondere grobem Ungehorsam oder Vergehen und Verbrechen derselben gegen die Eltern — sofern solche von den letzteren gegen einen Ersatzanspruch geltend gemacht und erwiesen werden — kann die Armenverwaltung aus Unterstützungen dieser Kinder einen Erstattungsanspruch an die Eltern nicht erheben bezw. nicht aufrecht erhalten."

Vom 1. Januar 1900 ab wird § 1611 des B.=G.=B. entscheidend sein, wonach jemand, der durch sein sittliches Verschulden bedürftig geworden ist, nur den notdürftigen Unterhalt verlangen kann. Da die Armenverwaltung nicht mehr gewährt, als diesen, so wird in allen Fällen der Erstattungsanspruch gegeben sein. Gleichwohl erscheint eine mildere Praxis in diesen Fällen wohl gerechtfertigt.

D. Kinder gegenüber Eltern.

1. Kinder im Haushalt.

Die Frage gehört eigentlich in das Gebiet der unmittelbaren Unterstützung insofern, als die Höhe der Unterstützung davon abhängig gemacht werden muß, wie hoch das Einkommen der sämtlichen im Haushalte befindlichen Angehörigen ist. Doch interessiert die Frage auch hier, weil es wichtig ist,

darüber gewisse Grundsätze aufzustellen, welche Beiträge zu dem gemein=
schaftlichen Haushalt man billigerweise von selbsterwerbenden Kindern ver=
langen darf. Sollen sie den ganzen Verdienst abgeben, oder einen an=
gemessenen Teil für bessere Kleidung, für mäßiges Vergnügen u. s. w. zurück=
behalten dürfen und genügt es, wenn sie eine angemessene Vergütung für
Kost und Wohnung zahlen? Es ist hierbei zu erwägen, daß zu hoch ge=
spannte Forderungen die Kinder leicht veranlassen, den gemeinschaftlichen
Haushalt zu verlassen.

Die Frage kann nicht oder doch nur zum geringsten Teil aus recht=
lichen Gesichtspunkten betrachtet werden; denn von diesen Gesichtspunkten
aus würde das selbst erwerbende Kind, soweit der Verdienst zu seinem
eigenen Unterhalt ausreicht, garnicht und soweit ein etwaiger Überschuß
verbleibt, nur nach Maßgabe der allgemeinen Grundsätze über die Unter=
haltspflicht gegenüber Angehörigen heranzuziehen sein. Es überwiegt hier
in Wahrheit, wie dies auch in der Fragestellung schon angedeutet wird,
der pflegerische Gesichtspunkt, von dem aus die einzelnen Glieder der
Familie als eine Gesamtheit betrachtet werden, die sich durch gemeinschaft=
liche Kraft erhalten sollen. Hierbei wird dann bei gutem Familienverhältnis
häufig die ganze Familie einschließlich minderjähriger Geschwister von den
erwerbenden Kindern und Geschwistern unterhalten; oder es wird ein Teil
für die Kleidung, für Sonderausgaben, für Sparzwecke zurückbehalten oder
es wird den Eltern nur ein Beitrag gezahlt, der dem Kostgelde gleich=
kommt, das auch bei fremden Leuten gezahlt werden müßte.

In den gerade bei diesem Punkt sehr eingehenden Äußerungen der
angefragten Verwaltungen wird durchweg der in der Fragestellung angeregte
Gesichtspunkt als richtig betont, daß die Kinder durch zu hoch gespannte
Forderungen nicht veranlaßt werden dürfen, den Haushalt zu verlassen.
Nur von wenigen Verwaltungen, so Barmen, Danzig, Krefeld, Quedlin=
burg, Rheydt, wird angegeben, daß der Verdienst der Kinder voll
angerechnet werde, während Aachen, Bonn, Duisburg und Ruhrort be=
merken, daß zwar in der Regel die volle Anrechnung stattfinde, jedoch
nötigenfalls Rücksicht genommen werde, damit die Kinder nicht den Haus=
halt verlassen. Gleichfalls in der geringeren Zahl befinden sich die, die sich
mit der Leistung eines Beitrags begnügen, der dem bei fremden Leuten zu
zahlenden Kostgelde gleichkommt, so Bernburg, Göttingen, Elbing, Lands=
berg, Lübeck, Weimar, Bremen. Einen Unterschied zwischen minderjährigen
und volljährigen Kindern machen Stolp und Freiberg. Während aber
Stolp das Einkommen der ersteren ganz anrechnet und für die Großjährigen
einen kleinen Teil zur freien Verfügung läßt, bemerkt Freiberg, daß der
Verdienst unerwachsener Kinder nicht in Betracht gezogen würde, während
es bei konfirmierten Kindern für genügend erachtet werde, wenn sie ein
angemessenes Kostgeld zahlen.

In Beziehung zu den für die Höhe der Unterstützung maßgebenden
Tarifsätzen bringen Mainz und Münster den Verdienst der Kinder. **Mainz**
bemerkt:

„Der Verdienst der Kinder wird voll angerechnet; doch wird bei Fest=
stellung der Unterstützungstaxe für im Verdienste stehende Kinder ein
erhöhter Satz eingestellt, auch kommt die sonst übliche Verminderung der
Sätze für das zweite und die folgenden Kinder in Wegfall."

Münster legt den Verdienst der Kinder zur Hälfte der Berechnung der Ausschlußsätze zu Grunde.

Die übrigen Verwaltungen verlangen die Beisteuerung eines angemessenen Teiles des Verdienstes, sodaß ein Teil für bessere Pflege, für Kleidung, mäßiges Vergnügen u. s. w., also als eine Art Taschengeld frei bleibt. — Aus den Antworten der einzelnen Verwaltungen mögen die nachfolgenden, die den einen oder anderen Punkt der Frage charakteristisch beleuchten, wörtlich mitgeteilt werden:

Coburg:

„Im allgemeinen pflegen hierorts wirtschaftlich selbständige Kinder, sofern sie den Haushalt der Eltern teilen, diesen einen angemessenen Betrag des von ihnen Erworbenen, freiwillig abzugewähren. Handelt es sich um die Unterstützung solcher Eltern, insbesondere einer Witwe, so wird man bei Gewähr von Unterstützung billigerweise auf das von dem betreffenden Kind zu den Kosten des allgemeinen Haushaltes Beigesteuerte, Rücksicht nehmen.

Sich in diese Verhältnisse einzumischen, ist da, wo noch verhältnismäßig gesunde Verhältnisse bestehen und insbesondere das Band der Familie noch ein festes ist, durchaus abzuweisen. Denn das von den Kindern zu den Kosten des gemeinsamen Haushalts Beigesteuerte hat nicht den Charakter einer zwangsweise abzugewährenden Quote ihres Verdienstes, es wird vielmehr gewährt als eine selbstverständliche Beisteuer. Würde hier mit behördlichen Maßregeln eingegriffen werden, so steht ganz entschieden zu befürchten, daß das Familienband früher als gewöhnlich gelockert und die betreffenden Kinder noch ehe sie zur Ehe schreiten und sich damit einen eigenen Haushalt begründen, sich vollständig von den Eltern trennen, den Verdienst für sich allein verwenden und geradezu von Erfüllung ihrer Kindespflichten abgedrängt werden."

Mülheim a. Rh.

„Die Höhe der Unterstützung wird hier stets davon abhängig gemacht, wie hoch das Einkommen der sämtlichen im Haushalte befindlichen Angehörigen ist. Dabei wird Rücksicht genommen auf herangewachsene Kinder, wenn dies die Verhältnisse bedingen. Als Regel wird hingestellt, daß die Kinder, namentlich solche unter 20 Jahren, den Verdienst ganz abgeben, von den Eltern gekleidet werden und von denselben event. Taschengeld erhalten. Reicht das Einkommen in der Familie zum Unterhalte hin, so wird eine Armenunterstützung nicht gewährt. An diesem Grundsatze muß die Armenverwaltung strenge festhalten, denn sonst würden von der hiesigen leichtlebigen Industriebevölkerung leicht schwer zu befriedigende Ansprüche gestellt werden. Die Kinder von Arbeitern entwachsen hier ohnehin zu früh dem Einflusse der Eltern, heiraten häufig sehr frühe, werden zu früh Herr über ihren Verdienst, indem sie den Eltern nur Kostgeld zahlen oder sie verlassen, wenn sie damit nicht zufrieden sind. Würde unter solchen Verhältnissen die Armenverwaltung zu leicht ihre Hilfe eintreten lassen, dann läge die Gefahr nahe, daß die Armenlasten zu außerordentlicher Höhe anschwellen würden."

Stoppenberg:

"Der Verdienst in der Familie lebender Söhne unter 16 Jahren wird in der Regel nur so berechnet, daß dieselben sich selbst ernähren können. — Das Einkommen der im Gesindedienst befindlichen Töchter wird selten in Betracht gezogen, da dieselben sich Kleidung und Wäsche beschaffen müssen. Auf den Zechen dürfen die jugendlichen Arbeiter erst nach vollendetem 16. Jahre unter Tage beschäftigt werden und steigt der Verdienst dann von 1 auf 2 Mk. Nunmehr wird der Verdienst des Sohnes bei Bemessung der Unterstützung angerechnet und je nach Lage der Verhältnisse, Größe der Familie u. s. w. ganz oder teilweise.

Gewisse Grundsätze bestehen hierüber nicht, sondern bleibt die Regelung dem jedesmaligen Beschlusse des Armenvorstandes vorbehalten, jedoch wird stets Rücksicht darauf genommen, daß die betreffenden Kinder nicht mißmutig werden und den elterlichen Haushalt verlassen. Dieser Punkt ist sehr wichtig und muß demselben namentlich im hiesigen Industriebezirk wesentliche Beachtung geschenkt werden, weil sonst sehr leicht die betreffenden Söhne mißmutig und durch die Behörde zu Müßiggängern und Trunkenbolden gemacht werden."

Stuttgart:
"Die Armenverwaltung hält es für wünschenswert, wenn das Haupt und die sämtlichen Glieder einer Familie, also auch die Kinder ihren ganzen Verdienst in eine gemeinsame Haushaltungskasse abgeben, aus welcher dann auch die sämtlichen Bedürfnisse der Familie und die besonderen Bedürfnisse der einzelnen Glieder bestritten werden; sie erinnert aber auch dagegen nichts, wenn Kinder von demjenigen Teil ihres Verdienstes, der nach Deckung des absolut notwendigen Unterhalts verbleibt, etwas für bessere Kleidung, mäßiges Vergnügen zurückbehalten. — Das Verlangen geht dahin, daß die Kinder ihre Eltern jedenfalls für deren Reichungen (Wohnung, Kost, Wäsche u. s. w.) gut entschädigen und falls vom Verdienst nach Abzug dieser Entschädigung noch ein ansehnlicher Teil übrig bleibt, etwas unterstützen."

Gera:
"Die Kinder sollen die Eltern durch die Abgabe wenigstens eines Teiles ihres Verdienstes unterstützen. Es wird jedoch in dieser Beziehung kein Zwang ausgeübt und die Vereinbarung den Eltern überlassen, da die Kinder erfahrungsgemäß bei zu hoch gespannten Forderungen den elterlichen Haushalt verlassen."

Halle:
"Eine Ermäßigung bezw. Streichung der an eine Person bereits gezahlten Unterstützung findet statt, wenn das Gesamteinkommen der in dem Haushalte der unterstützten Person befindlichen erwachsenen Familienglieder derartig hoch ermittelt ist, daß die eine oder andere Maßregel angängig erscheint, d. h. wenn das Gesamteinkommen dem Durchschnittseinkommen einer Familie gleichen Standes und von gleicher Kopfzahl etwa gleichkommt oder dasselbe gar übersteigt."

Hamburg:
"Wenn die Kinder nicht mehr als ungefähr den ortsüblichen Tagelohn verdienen, so begnügt man sich immer damit, wenn sie eine angemessene

Vergütung für Kost und Wohnung zahlen, wenn man auch versucht, sie in Güte zu einer Mehrleistung zu veranlassen. Im Zwangswege vorgegangen wird nur, wenn der Verdienst erheblich größer ist als der ortsübliche Tagelohn und besonders, wenn dabei klar ist, daß der Angehörige nur aus unberechtigtem Egoismus eine Mehrleistung verweigert, oder sich mit dem Unterstützten im Einverständnis befindet."

Dortmund:

„Generelle Bestimmungen lassen sich auch hier schwer treffen. Sind die Verhältnisse dazu angethan, so wird darauf gehalten, daß im Hause befindliche Söhne entweder ganz oder teilweise, oder endlich durch angemessene Vergütung für Kost und Wohnung Beitrag leisten. Das ‚Wieviel' wird ja auch hier wiederum von der erhaltenen Erziehung und gegenseitigen Anhänglichkeit abhängen. — Mädchen, die halbe oder ganze Tagesstellen haben, werden nur wenig erübrigen, können dem Hause nichts nützen und sind am besten im herrschaftlichen Dienst aufgehoben, wo sie bei einer praktischen Hausfrau wenigstens den Haushalt lernen und nicht auf Abwege geraten können. Mit Näh- und Fabrikmädchen ist die Sache schon schwieriger. Sie aus dem Hause zu entfernen, ist nicht zulässig und dennoch bilden sie selten eine Stütze für den Haushalt, weil der erhaltene Verdienst kaum für die eigenen Bedürfnisse reicht. Wo er sich feststellen läßt und die Verhältnisse es gestatten, wird auf Ermäßigung der Unterstützung hingewirkt."

Elberfeld:

„Es ist erfahrungsmäßig die Regel, daß im elterlichen Haushalt lebende erwachsene und selbsterwerbende Kinder ihren Verdienst nicht ganz an die Eltern abgeben, sondern ein gewöhnlich etwas reichlicheres Kostgeld zahlen und das übrige für Kleidung u. s. w. für sich behalten. Wenn solche Kinder ihrem Alter nach nicht mehr gehalten sind, bei den Eltern zu wohnen, ist es unzweckmäßig, den ganzen Verdienst derselben in Anrechnung zu bringen. Um in solchen Fällen die Arbeitslust der Kinder und das Zusammenleben derselben mit den Eltern zu erhalten, lassen wir das thatsächliche Verhältnis bestehen, indem wir berechnen, daß so aus dem Einbringen des Kindes den Eltern eine höhere Beihilfe zu ihrem eigenen Unterhalte erwächst, als wir nach dem Verdienste des Kindes als Beitrag fordern würden, wenn dasselbe außerhalb des elterlichen Haushaltes lebte. Wir behalten uns jedoch in allen Fällen die Entscheidung vor. Ein Fall aus jüngster Zeit ist folgender:

Eine 18jährige Tochter wohnt mit alten erwerbsunfähigen Eltern zusammen. Der Ausschlußsatz (Existenzminimum) für die 3 Personen beträgt 8,50 Mk. wöchentlich, während die Tochter 10 Mk. verdient. Wir rechnen den Verdienst nur mit $^3/_4$ an und gewähren noch eine Wochengabe von 1 Mk., um die Tochter nicht zu entmutigen und ihr die Möglichkeit zu lassen, sich besser zu kleiden."

Erfurt:

„Man besteht nicht darauf, daß erwachsene Kinder den vollen Wochenverdienst zum gemeinschaftlichen Haushalt abgeben. Bei einem Wocheneinkommen von 15 Mk. werden $^3/_4$ des Lohnes als genügend zu betrachten

sein. Die im Schlußsatz ausgesprochene Befürchtung ist häufig zur That=
sache geworden."

Essen:

„Kinder, die im elterlichen Haushalte leben, haben mit Rücksicht auf
ihre Pflicht, für die Eltern zu sorgen, ihren Verdienst an die letzteren ab=
zugeben und muß bei Bemessung der Unterstützung das Einkommen der
sämtlichen im Haushalte befindlichen Angehörigen berücksichtigt werden.
Daß hierbei ein angemessener Teil für bessere Kleidung, mäßiges Ver=
gnügen u. s. w. in Abzug zu bringen sein wird, setzen wir als selbst=
verständlich voraus.

Wenn wir uns zur Aufstellung gewisser Grundsätze über fragliche An=
gelegenheiten einen Vorschlag erlauben dürfen, so gestatten wir uns zu be=
merken, wie darauf gehalten werden müßte, daß bei Bemessung von Armen=
spenden das Einkommen der im Haushalte lebenden Kinder unter 18 Jahren
zur Aufrechnung gelangt, d. h. die Kinder haben ihren Verdienst nach Ab=
zug eines Teiles für Kleidung und mäßiges Vergnügen an die Eltern ab=
zugeben. — Wir schlagen das 18. Lebensjahr vor, weil mit diesem
Lebensalter die Kinder inbezug auf den Erwerb oder Verlust des Unter=
stützungs=Wohnsitzes selbständig werden. Von älteren im gemeinschaftlichen
Haushalte wohnenden Kindern muß verlangt werden, daß sie außer dem
ortsüblichen Preise für Kost und Logis noch einen ihren Erwerbsverhält=
nissen entsprechenden Beitrag zu den Gesamtunterhaltungskosten leisten. Wie
Sie schon mit Recht in der Fragestellung bereits erörtert haben, ist hierbei
zu erwägen, daß zu hoch gespannte Forderungen die Kinder leicht ver=
anlassen, den elterlichen Haushalt zu verlassen und kommen solche Fälle in
der Industriegegend erfahrungsmäßig leider viel zu häufig vor."

Cassel:

Nach den allgemein festgehaltenen Grundsätzen der Familieneinheit muß
auch der Verdienst der in der Familie befindlichen erwachsenen Kinder, die
einen selbständigen Erwerb haben, dem Gesamteinkommen der zu unter=
stützenden Familie zugerechnet werden. Da aber solche selbständig er=
werbende Hauskinder entsprechend der Größe ihrer Arbeitsleistung und ihres
Verdienstes oftmals mit Recht Anspruch auf eine bessere Lebenshaltung er=
heben, schon um sich ihre Arbeitskraft zu erhalten, und da bei Nichtberück=
sichtigung dieses Anspruches solche Hauskinder sich sehr leicht veranlaßt
sehen könnten, die Familiengemeinschaft aufzugeben, erscheint es notwendig,
je nach den Verhältnissen das Existenzminimum für diese Kinder höher zu
nehmen. In der hiesigen neu entworfenen Armenordnung ist je nach der
Art der Beschäftigung und der Höhe des Verdienstes ein Spielraum von
2,50 Mk. bis 7 Mk. gelassen, über den aber unter Umständen auch noch
durch Beschluß der Armendirektion hinausgegangen werden kann."

Freiburg:

„Kinder im Haushalt der Eltern werden zur Beitragsleistung an=
gehalten. Der Beitrag wird aber keineswegs nach dem die Bestreitung der
notwendigsten Bedürfnisse übersteigenden Einkommen berechnet, vielmehr wird
dem Betreffenden stets ein mäßiger Mehraufwand für entsprechenden besseren
Lebensunterhalt zugebilligt."

Gießen:

„Selbsterwerbende, im Haushalt der unterstützten Eltern lebende Kinder werden nicht mit ihrem ganzen Verdienste in Anspruch genommen, so daß ihnen vielmehr von demselben ein bescheidener Teil für bessere Kleidung, mäßiges Vergnügen oder selbst für eine kleine Spareinlage bleibt."

Gotha:

„Haben im Haushalt der Eltern lebende Kinder eigenen Erwerb, so begnügen wir uns im Interesse der armenunterstützten Eltern und der Armenkasse in der Regel nicht damit, daß das betreffende Kind lediglich soviel an die Eltern abgiebt, als sie dem Kinde in Gestalt von Kost und Wohnung gewähren; denn das Kind soll ja nicht nur seine Kosten decken, sondern auch zum Unterhalt der Eltern etwas beitragen. Ebenso wenig bestehen wir aber auf der Abgewährung des gesamten Verdienstes des Kindes für den gemeinschaftlichen Haushalt; sowohl aus Billigkeitsgründen gegen das erwerbende Kind, das wegen seines eigenen Verdienstes eine etwas bessere Lebenshaltung beansprucht, oft auch Ersparnisse für die demnächstige Verheiratung sammeln will, wie auch zur Forderung der möglichst langen Aufrechterhaltung des gemeinschaftlichen Haushalts nehmen wir keinen Anstoß daran, wenn das erwerbende Kind den Verdienst, der nach Zahlung der Vergütung für Wohnung und Kost an die Eltern übrig bleibt, nur zu einem Teil für den gemeinschaftlichen Haushalt opfert, zum andern Teil aber für sich zurückbehält."

Leipzig:

„Die Frage, welche Beiträge zu dem gemeinschaftlichen Haushalte man billigerweise von selbsterwerbenden Kindern verlangen darf, läßt sich schwer beantworten. Es wird dies einerseits auf die Verhältnisse der Eltern selbst, andererseits auf die der Kinder ankommen. Abgabe des ganzen Verdienstes kann man schwerlich fordern. Der Beitrag zu dem Haushalte wird nach den Kosten zu bemessen sein, die durch die Unterhaltung des Kindes thatsächlich verursacht werden. Erfahrungsgemäß sind die Zahlungen der Kinder immer geringe. Jedenfalls muß man, wenn es sich um die Heranziehung der Kinder zu größeren Beitragsleistungen handelt, recht vorsichtig vorgehen. Bei scharfem Vorgehen ist stets zu befürchten, daß die Kinder die Eltern verlassen und die Familiengemeinschaft aufgehoben wird."

Mülheim a. d. R.:

„Es wird im allgemeinen dahin gewirkt, daß selbsterwerbende Kinder ihren Verdienst, wenn nicht ganz, so doch größtenteils zu dem gemeinschaftlichen Haushalt abgeben. Es bleibt dann dem Ermessen der Eltern überlassen, ihren Kindern einen Teil des Verdienstes für bessere Kleidung, mäßiges Vergnügen u. s. w. zu belassen. Wenn nur eine Vergütung für Kost und Wohnung gezahlt wird, so ist das wohl das geringste, was man verlangen kann. Je nach seinem Verdienste wird ein Kind auch für verpflichtet erachtet, noch ein übriges für seine Eltern zu thun."

Mannheim:

„Wir nehmen in die den Ausschlußsätzen gegenüberzustellenden Einkommensberechnungen stets den vollen Verdienst der Kinder auf. Nur dann, wenn sich in der Folge befürchten läßt, daß das Verlangen der Abgabe des ganzen Verdienstes zur Haushaltung die Kinder veranlassen könnte, den gemeinschaftlichen Haushalt zu verlassen, entschließen wir uns dazu, den Verdienst in geringerer Höhe in Anrechnung zu bringen, derart aber, daß — hinreichender Verdienst vorausgesetzt — neben einer angemessenen Vergütung für Kost und Wohnung auch von einer Beitragsleistung gesprochen werden kann."

Siegen:
„Kinder im Haushalte müssen ihren gesamten Verdienst an die Eltern abgeben, wenigstens muß man diesen Grundsatz aufrecht erhalten gegenüber Kindern unter 18 Jahren. Den Eltern muß es überlassen bleiben, den Kindern Taschengeld zuzuwenden, ihnen Kleidung anzuschaffen u. s. w. Kinder über 18 Jahre wird man in der Verfügung über ihren Verdienst nicht in diesem Umfange beschränken dürfen, aber immerhin wird man von ihnen fordern können, daß sie nach Anschaffung von Kleidern und nach Abrechnung eines mäßigen Taschengeldes alles an ihre bedürftigen Eltern abliefern, denn mit der Zahlung einer Vergütung für Kost und Wohnung würde den Eltern nicht gedient sein."

Wiesbaden:
„Die Kinder werden angehalten, einen entspechenden Teil ihres Verdienstes an die Eltern abzugeben. Bei der Bemessung der Unterstützung wird in der Regel der volle Verdienst der Kinder aus den in dem Schlußsatze der gestellten Frage angeführten Gründen nicht in Betracht gezogen. Es geschieht dies meistens nur dann, wenn hinsichtlich der Hilfsbedürftigkeit der Familie Zweifel bestehen. Der Bezirksausschuß hier, als Beschwerdeinstanz, hat bis jetzt unsere Berechnungen, wonach wir den Verdienst der Kinder der Beschwerdeführer voll eingesetzt haben, stets anerkannt."

Magdeburg:
„Wir bemessen die Höhe der Unterstützung unter Berücksichtigung des gesamten Einkommens der einzelnen zusammenlebenden Familienglieder. Daß die Kinder deswegen von den Eltern wegzögen, kommt außerordentlich selten vor."

Königsberg:
„Es wird der angedeutete Mittelweg eingeschlagen. Es wird nicht verlangt, daß sie in dem Maße zum Unterhalt beitragen, wie es von dem Familienhaupt gefordert werden muß. Man gestattet den Kindern mit Rücksicht auf ihren Anspruch auf wirtschaftliche Selbständigkeit, einen angemessenen Teil ihres Verdienstes für bessere Kleidung, gelegentlichen Unterhalt außer dem Hause, selbst mäßiges Vergnügen zurückzubehalten. Andererseits wird mit Rücksicht auf die Annehmlichkeit, die das Leben im elterlichen Hause der Regel nach vor dem Leben bei Fremden bietet, die einen Verdienst dabei suchen, gefordert, daß sie nicht nur die übliche Vergütung für Kost und Wohnung abgeben, sondern mehr, also zum Unterhalt der Familie beitragen. Es wird dabei auf die Höhe ihres Verdienstes ankommen. Die Befürchtung, daß sie den gemeinschaftlichen Haushalt verlassen könnten, darf nicht dazu führen, den Kindern zu weit entgegenzukommen. Sie müssen durch die Art der Regelung der Unterstützung auf ihre sittliche und rechtliche Pflicht, zum Unterhalt der Eltern bezw. des

gemeinsamen Hausstandes in erster Linie, vor der Armenpflege beizutragen, hingewiesen werden."

Köln:

"Hier gilt der Satz, daß beim Zusammenwohnen in der Familie in der Regel das Einkommen der sämtlichen Familienmitglieder auf den Ausschlußsatz in Anrechnung zu bringen ist. Hiernach würde z. B. bei einer aus verwitweter erwerbsunfähigen Mutter, einem unverheirateten 19jährigen Sohne, einer 16jährigen Tochter und 3 Kindern im Alter von 10, 11 und 12 Jahren bestehenden Familie, gegenüber dem Monatsausschlußsatze von $20+9+4\times6=53$ Mk., an sich das etwaige Verdienst des Sohnes von 45 Mk. und der Tochter von 18 Mk. in Anrechnung zu bringen und somit die Hergabe einer Unterstützung aus öffentlichen Mitteln auszuschließen sein. — Angesichts der unbilligen und nachteiligen, auch im Fragebogen angedeuteten Folgen eines solchen Verfahrens sieht indes der Schlußsatz des § 28 der Geschäftsanweisung für die offene Pflege vor, daß, wenn im Arbeitsverdienste stehende Personen dem Hausstande angehören, für diese der Ausschlußsatz bis zur Höhe des etwa geringeren Verdienstes angenommen werden kann. Der für männliche Familienmitglieder unter 18 Jahren, sowie für weibliche Familienmitglieder zu berechnende Teil des Ausschlußsatzes soll hierbei in der Altstadt nicht über 15 Mk. erhöht werden, während in den Vororten entsprechend geringere Abstufungen Platz greifen.

Mit Rücksicht auf diese Bestimmung würde in dem mitgeteilten Falle der Ausschlußsatz für den Sohn um 11 Mk. und für die Tochter um 9 Mk., somit um 20 Mk. oder auf 73 Mk. erhöht werden, so daß trotz des Einkommens des Hausstandes von 63 Mk. eine Unterstützung bis zur Höhe von 10 Mk. gewährt werden könnte. — Weitere Rücksichtnahme erfolgt auch dann, wenn die verdienenden Kinder darauf hinweisen können, daß sie gegenüber ihren erwerbsunfähigen Geschwistern nicht nährpflichtig seien. Indes wird in solchen Fällen in der Regel nicht aus öffentlichen Mitteln, sondern, und zwar dann etwas reichlicher, aus Stiftungserträgen geholfen. — Der Drohung erwachsener Kinder, auch bei solcher Behandlung der Unterstützungsfrage die Familie zu verlassen oder nur ein eingeschränktes Kostgeld zahlen zu wollen, wird meistens nicht nachgegeben. Man läßt es sogar grundsätzlich dann auf den Wegzug des verdienenden Kindes und die Inanspruchnahme desselben zur Zahlung von Beiträgen ankommen."

2. Kinder, die nicht im Haushalt der Eltern leben.

Welche Grundsätze sind für die Heranziehung aufzustellen? Bestehen ähnlich den Unterstützungssätzen auch feste, dem Einkommen angepaßte Sätze für die Leistung von Beiträgen? Wird hierbei die Größe der eigenen Familie und inwieweit in Betracht gezogen? Hier wird der wirtschaftliche Gesichtspunkt zu erwägen sein, daß die Leistung von Beiträgen für Angehörige nicht die eigene Wirtschaft gefährdet.

Bei keiner Gruppe der in Anspruch zu nehmenden Angehörigen herrscht eine größere Unsicherheit als bei der in der obigen Frage bezeichneten. Die Schwierigkeit der Ermittelung des Verdienstes, der häufige Wechsel der

Arbeitsstelle, die Neigung, bedürftige Eltern der Armenpflege zu überlassen, gespannte Familienverhältnisse, namentlich in dem schwiegerelterlichen Verhältnis u. dergl. mehr spielen hier eine sehr bedeutende Rolle, so daß hinter der Thatfrage die Rechtsfrage fast ganz zurücktritt und von festen Grundsätzen kaum gesprochen werden kann. Es wird überwiegend von Fall zu Fall nach Ansicht und Auffassung der zuständigen Decernenten entschieden, von welchen der eine zu einer gewissen Schärfe, der andere zu größerer Milde neigen mag.

Eine eigentliche Skala zur Bemessung der Höhe der Beiträge besteht in Elberfeld und in Aachen. **Elberfeld** legt die folgende zu Grunde:

„Die Unterstützungspflicht findet keine Anwendung

1. auf einzelstehende Personen, wenn deren Einkommen wöchentlich 10 Mk. nicht übersteigt;
2. auf ein kinderloses Ehepaar, wenn der Wochenverdienst 14 Mk. nicht übersteigt;
3. auf eine Familie, bestehend aus den Eltern und einem Kinde unter 10 Jahren, insofern der Wochenverdienst nur 15 Mk. erreicht;
4. desgleichen auf eine Familie, aus den Eltern und 2 Kindern unter 10 Jahren bestehend, bei einem Verdienste von 16 Mk. die Woche;
5. desgleichen auf eine Familie, aus den Eltern und 3 Kindern unter 10 Jahren bestehend, bei einem Wochenverdienste von 17 Mk.;
6. desgleichen auf eine Familie, welche aus den Eltern und mehr als 3 Kindern besteht, wenn deren Wochenverdienst den Betrag nicht erreicht, welcher ermittelt wird, indem man das wöchentliche Geldbedürfnis der Eltern mit . . . . 14 Mk.
    für jedes Kind unter 10 Jahren mit . . . . . . 1 =
    für jedes nicht arbeitsfähige Kind über 10 Jahre mit . 2 =
    und für jedes Kind, welches verdient oder 14 Jahre
        überschritten hat, mit . . . . 4 =
   in Anrechnung bringt.
7. Von dem Einkommen, welches vorstehende Ausschlußsätze überschreitet, wird zur Unterstützung herangezogen:
    von den ersten 5 Mk. je 10 Pf.
    „   „ zweiten 5   „   „ 15 „
    „   „ dritten 5   „   „ 20 „
    u. s. w.
   so daß also beispielsweise eine Familie von Mann, Frau und 3 Kindern unter 10 Jahren bei einem Verdienst von 17 Mk. wöchentlich zur Unterstützung nicht herangezogen werden würde, bei einem Einkommen von 20 Mk. 30 Pf., bei einem solchen von 25 Mk. 95 Pf. und bei 30 Mk. Einkommen 1 Mk. 85 Pf. zahlen müßte.
8. Selbstverständlich werden die Beiträge von den zur Unterstützung Verpflichteten nur bis zur Deckung des Bedürfnisses erhoben und darnach vorstehende Höchstbeträge reguliert."

Die Verwaltung bemerkt hierzu, daß Krankheit und Schulden berück=

sichtigt werden. Naturalunterstützung werde nach ihrem Werte geschätzt und auf den zu leistenden Betrag angerechnet.

Aachen stellt die folgenden Grundsätze auf:

„Keine Beiträge brauchen zu zahlen: kinderlose Eheleute bei einem Wocheneinkommen von 12 Mk., ein alleinstehender Mann bei einem solchen von 10 und ein Mann, dem eine Tochter den Haushalt führt, bei einem Einkommen von 8 Mk. Eine alleinstehende Frau ist von einer Beitragsleistung befreit bei einer Wocheneinnahme von 7 Mk. Für jedes Kind im Alter von mehr als 10 Jahren werden 4 und für jedes Kind in jüngerem Alter 2 Mk. als nicht beitragspflichtig außer Anrechnung gelassen. Diese Sätze werden als Ausschlußsätze für Alimentationspflichtige bezeichnet. Handelt es sich um die vorübergehende Hospitalpflege einer zum Haushalte der betreffenden Familie gehörigen Person, so wird die ganze Mehreinnahme bis zur vollen Höhe der Hospitalkosten (1,25 Mk. pro Tag) beansprucht, in anderen Fällen von alleinstehenden Personen 30 und von Familien 20 % der Mehreinnahme. Besondere Umstände, wie Schulden, Krankheit, häufige Verdienstlosigkeit u. s. w., werden berücksichtigt."

In ähnlicher Richtung bewegen sich **Münster** und **Witten**. Ersteres schreibt:

„Von Kindern mit einem Jahreseinkommen von 120—170 Mk. neben freier Wohnung und Kost wird ein monatlicher Zuschuß von 2—3 Mk. verlangt. Bei verheirateten Familien wird auf die Größe der eigenen Familie viel Gewicht gelegt, bei Arbeitern mit mehreren Kindern eine Heranziehung meist gar nicht versucht. — Über die Höhe des Zuschusses wird von der Gemeindebehörde des Wohnortes eine gutachtliche Äußerung erbeten."

Witten führt aus:

„Bestimmte Grundsätze sind für deren Heranziehung nicht aufgestellt. Alleinstehende wohl erwerbsfähige Kinder werden, soweit irgend möglich, zur Erstattung des größten Teils der Unterstützung herangezogen. Hat z. B. ein erwachsener Sohn im Alter von 20—30 Jahren einen Verdienst von monatlich 90 Mk., so wird er je nach Bedürfnis und je nach dem Verhältnis zu den übrigen Geschwistern zu einem Beitrag bis zu 12 Mk. monatlich herangezogen. Verheiratete Kinder werden je nach ihren Verdienstverhältnissen und in Berücksichtigung ihrer Kinderzahl herangezogen. Ein verheirateter Sohn, welcher monatlich 115 Mk. verdient, Frau und 3—4 Kinder zu ernähren und monatlich 12 Mk. Miete zu zahlen hat, wurde z. B. zur Leistung eines Beitrages bis zu 5 Mk. monatlich herangezogen; hat derselbe 5 Kinder, würde sich der Beitrag auf 2—3 Mk. ermäßigen, während bei dem Vorhandensein von nur 2 Kindern ein Beitrag von ca. 8 Mk. verlangt würde. — In jedem Falle wird aber in Berücksichtigung gezogen, ob viel Krankheit in der Familie, ob verschuldet u. s. w. In keinem Falle aber wird ein derart hoher Beitrag verlangt, daß die wirtschaftliche Existenz des Betreffenden gefährdet würde."

Dagegen bemerkt **Landsberg** wegen der Brauchbarkeit von Tarifen:

„Feste, ähnlich den Unterstützungssätzen normierte, den Einkommen der Kinder angepaßte Sätze für die Leistung von Beiträgen kennen wir hier nicht, glauben auch nicht, daß sich eine solche Einrichtung durchführen ließe; die aufzustellende Tabelle würde eine sehr bunte werden, da die Erstattenden nicht wie die Unterstützten sämtlich in der gleichen wirtschaftlichen Situation sich befinden, bei ihnen vielmehr die größte Verschiedenheit der Verhältnisse stattfindet. — Unseres Erachtens kann eine sorgsam arbeitende Verwaltung nur von Fall zu Fall ermitteln und entscheiden, ob und in welchem Grade die Kinder zu den Kosten für die Eltern herangezogen werden können. Ein Schematisieren kann besonders hier nur nachteilig wirken."

Ich selbst habe für die Berliner Armendirektion kürzlich im Anschluß an eine Statistik der Lohnverhältnisse eine Anweisung gegeben, die freilich auch keine festen Grundsätze enthält, sondern nur dem Ermessen eine gewisse Richtung weist. Sie lautet:

„Die Herren Decernenten und Expedienten weise ich auf die kürzlich erschienene Arbeit des statistischen Amtes hin: „**Ermittelungen über die Lohnverhältnisse in Berlin im September 1897**", von der eine angemessene Anzahl Exemplare für die Büreaus zur Verfügung gestellt werden. Bei der Bearbeitung der Armensachen im Hinblick auf die Fähigkeit der Familienangehörigen zur Unterstützung oder zur Ersatzleistung für bereits entstandene Pflegekosten fehlt es im allgemeinen an einer angemessenen Grundlage für die Beurteilung der Leistungsfähigkeit. Einen gewissen Anhalt bieten die oben genannten Ermittelungen insofern, als sie die durchschnittlichen Lohnverhältnisse sämtlicher in Berliner Betrieben beschäftigten Arbeiter und Arbeiterinnen darstellen und auch über gewisse wesentliche Punkte, namentlich darüber Aufschluß geben, zu welchen Zeiten die Arbeit vorzugsweise zu ruhen pflegt und wie hiernach im Gegensatz zu dem absoluten Maß des Tages= oder Wochenlohnes sich der Durchschnitts= lohn des ganzen Jahres stellt. — Wird hierneben auch die Ermittelung im einzelnen Fall nicht entbehrt werden können, so werden die „Ermittelungen" jedenfalls schon beim ersten Blick einen gewissen Anhalt dafür gewähren, ob es sich um eine Arbeitsthätigkeit handelt, bei der im Verhältnis zu der Größe der Familie überhaupt mit Erfolg auf Ersatz gerechnet werden kann. Es ist bei der Bearbeitung der Kosten=Erstattungssachen jedenfalls auf diese Momente besonderes Gewicht zu legen und außerdem zu beachten, wie das gesamte Familienbild sich stellt, ob es sich um eine voll erwerbsfähige Person handelt, ob der Betreffende allein steht, oder zwar verheiratet ist, aber keine Kinder hat, ob er eine größere Zahl unerwachsener, oder daneben auch erwachsener, bereits mit erwerbender Kinder hat."

Diese zuletzt bemerkten Momente werden auch in den Äußerungen der überwiegenden Zahl der Städte, die keine festen Grundsätze haben, hervorgehoben: Besitz eigener Familie, Kinderzahl, Gesundheit, Höhe des Verdienstes, Höhe der Miete u. s. w. Frankfurt a. M. weist darauf hin, daß es auch auf das frühere Verhältnis der Eltern zu den Kindern ankomme. Wenn die Kinder gerechten Grund hätten, sich von den Eltern loszusagen, so beschränke die Armenverwaltung den Anspruch auf das Äußerste. Andererseits begnügen sich viele Verwaltungen gern mit einem kleineren Beitrage, wenn er freiwillig angeboten wird, um die Beziehungen der Familie aufrecht zu erhalten.

E. Andere Angehörige.

Besteht die Übung, andere Angehörige, insbesondere Geschwister, aber auch entferntere Verwandte, die in günstigen Vermögensverhältnissen sich befinden, auf ihre moralische Verpflichtung zum Unterhalt ihrer Angehörigen hinzuweisen?

Da mit dem Inkrafttreten des B.G.-B. die Verpflichtung der Geschwister aufhört, so ist die Frage für eine Reihe von Verwaltungen, so insbesondere für die preußischen nicht ohne Bedeutung. Wie sich aus den Antworten ergiebt, besteht in der Mehrzahl der Städte die Übung, in geeigneten Fällen die nicht verpflichteten Angehörigen auf ihre moralische Pflicht hinzuweisen, oder, wie Göttingen es ausdrückt, „an ihr Ehrgefühl zu appellieren". Nur Stolp bemerkt, daß man sich zu solchen Hinweisen nicht für berechtigt erachte. Von einigen, so z. B. von Göttingen, Mülheim a. Rhein, Siegen, wird der Erfolg solcher Bemühungen hervorgehoben.

Magdeburg bemerkt hierüber:

„Selbstverständlich versuchen wir auch von anderen Angehörigen, z. B. von Geschwistern, bemittelten Geschwistern der Eltern (Onkel, Tante) und von den Großeltern unsere Auslagen zu erlangen, und weisen dieselben unter Umständen auf ihre moralische Verpflichtung hin. Vor ungefähr Jahresfrist wurden uns von einem Bruder der Unterstützten bereitwilligst 2520 Mk. erstattet."

Ich selbst kann aus meinen in drei Armenverwaltungen, darunter Hamburg und Berlin, gemachten praktischen Erfahrungen nur bestätigen, daß die Bemühungen, selbstverständlich in geeigneten Fällen, allermeist erfolgreich sind. Es muß freilich da, wo ein Rechtsanspruch der Verwaltung nicht zur Seite steht, die Aufforderung vielmehr in Form einer vertraulichen Mitteilung, als der einer amtlichen Aufforderung geschehen; namentlich habe ich wiederholt das Verfahren bewährt gefunden, daß der Leiter oder ein Mitglied der Armenverwaltung sich erbieten, die Vermittlung zu übernehmen und etwaige Gaben persönlich zu verwalten, so namentlich dann, wenn es sich um heruntergekommene Verwandte wohlhabender Familien handelt. Eine dahin zielende Bestimmung ist übrigens in die sächsische Armenordnung ausdrücklich aufgenommen. Sie lautet:

„Wenn Seitenverwandte und verschwägerte Personen nicht vermöge eines besonderen Rechtstitels für ihre verarmten Angehörigen zu sorgen verbunden sind, so können sie doch von den Armenbehörden zur Erfüllung der ihnen diesfalls obliegenden moralischen Verpflichtung auf eine angemessene Weise aufgefordert werden."

Ein Druck auf vermögende Seitenverwandte wird unter Umständen dadurch ausgeübt werden können, daß dem Unterstützungsbedürftigen nur Naturalverpflegung im Armenhause angeboten wird.

F. Mehrere gleich nahe Angehörige.

Die rechtliche Lage ist die, daß gleich nahe Angehörige zu gleichen Teilen haften. Dies Verhältnis wird auch nach dem B. G.-B. unverändert bleiben. Der Ehegatte haftet vor den leiblichen Verwandten, von diesen die Abkömmlinge in absteigender Linie vor denen aufsteigender Linie (vergl.

§§ 1601, 1606—1609). Bei Unvermögen eines Unterhaltspflichtigen tritt der Nächstverpflichtete an die Stelle (1603), wenn die Rechtsverfolgung im Inlande ausgeschlossen oder erheblich erschwert ist. Es liegt rechtlich keine Solidarhaftung in dem Sinne vor, daß die Armenverwaltung beliebig den ihr am meisten geeignet scheinenden Verwandten herausgreifen kann. Thatsächlich wird das Verhältnis häufig zu einem gleichartigen Erfolg führen, da bei dem Vorhandensein mehrerer Verwandter, von denen etwa nur einer leistungsfähig ist, dieser zum vollen Unterhalt verpflichtet bleibt, weil diese Verpflichtung zum notdürftigen Unterhalt jedem der Verpflichteten gegenüber erwächst. — Diejenigen Verwaltungen, die sich über diesen Punkt äußern, bemerken, daß sie gleich nahe Angehörige nach ihrer Fähigkeit heranziehen. Als praktischer Weg wird hierbei von einigen die Verhandlung mit einem der Angehörigen empfohlen. So bemerkt **Gotha**:

„Wir versuchen zunächst, einen Angehörigen zur Zahlung des gesamten Beitrags an uns zu veranlassen mit dem Anheimgeben, sich mit den übrigen Beteiligten über die Verteilung untereinander zu verständigen. Mißlingt dieser Versuch, so verteilen wir die Beiträge je nach der Leistungsfähigkeit der Beteiligten, halten uns unter Umständen auch, wenn nur einer der Beteiligten fähig zur Beitragszahlung ist, an diesen allein."

In ähnlichem Sinne **Leipzig**:

„Man wendet sich daher an den zur Erstattung Fähigsten mit der Veranlassung, mit den übrigen in Verbindung zu treten. Die Erfolge sind freilich in der Regel belanglos."

Ähnlich auch Hamburg. **Zittau** bemerkt über das Verfahren:

„Solange irgend möglich, ziehen wir die Kinder zur vollen Erstattung der den Eltern gewährten Unterstützungen heran. Wir laden dabei sämtliche Kinder zusammen vor, stellen an sie die Forderung der Erstattung und überlassen es den Versammelten, unter sich auszumachen, wieviel jedes Einzelne auf sich nehmen kann und will. Der besser Gestellte verpflichtet sich zu einem größeren Teil, der Ärmere zu weniger, der Arme zu nichts."

Ähnlich auch **Freiberg**:

„Die Praxis hat dahin geführt, daß zunächst die betreffenden Angehörigen aufgefordert werden, die Fürsorge zu übernehmen und die bereits entstandenen Kosten zu erstatten, die Verteilung der Last aber untereinander selbst zu regeln."

Aus eigener Erfahrung möchte ich hinzufügen, daß der Erfolg solchen Vorgehens vielfach durch wechselseitige Mißgunst vereitelt wird, indem von den verpflichteten, an sich leistungsfähigen Verwandten der Einwand erhoben wird, daß sie nicht zu zahlen brauchten, wenn der andere gleich nahe Verwandte (meist Kinder gegenüber den Eltern) nicht den gleichen Betrag zahlten. Noch schwieriger wird das Verhältnis, wenn der betr. Elternteil bei einem der Kinder wohnt und etwa einige Mobiliargegenstände vorhanden sind, die dem verbleiben sollen, in dessen Hause er wohnt. Es bleibt, wenn eine Verständigung nicht gelingt, nichts übrig, als die Verpflegung im Hause als Teilleistung zu betrachten und die Übrigen im Rechtswege zur Leistung der übrigen Teile zu zwingen.

II.

Insbesondere das Beschlußverfahren
gegen Angehörige von Unterstützten.

Von

Mitberichterstatter **Ludwig-Wolf**,
Stadtrat in Leipzig.

Die tief einschneidende Bedeutung, welche die Verabschiedung eines bürgerlichen Gesetzbuches für das Deutsche Reich, für unser ganzes deutsches Armenwesen und die mit demselben befaßten Behörden im Gefolge hat, haben bereits vor nunmehr 10 Jahren unseren Verein veranlaßt, den damals veröffentlichten Entwurf einer Besprechung zu unterstellen, um in Zeiten und solange es sich noch de lege ferenda handelte, seinen über diesen oder jenen Punkt etwa abweichenden Anschauungen Gehör bezw. Aufnahme zu verschaffen. Heute liegt dieses große Werk der Gesetzgebung abgeschlossen vor uns, um mit Beginn des neuen Jahres in Geltung und Übung zu treten. Wenn nun heute wieder unser Verein aus der Fülle der darin enthaltenen und unsere Ziele berührenden Fragen eine und zwar die des Erstattungswesens der Armenverbände herausgreift, um sie einer besonderen Beratung und Besprechung nochmals zuzuführen, so kann die Aufgabe der Berichterstatter nur darin bestehen, einmal vorzuführen: Was ist in dieser Beziehung nach dem neuen Gesetzbuche Rechtens? und das andere Mal die Frage zu beantworten: Wie steht es in Zukunft um die prozessuale Realisierung der aus diesen Rechtsnormen herfließenden Ansprüche, bezw. welche Wünsche bleiben uns in dieser Beziehung noch übrig? Dem Mitberichterstatter ist die zweite dieser Fragen zur Behandlung überwiesen und betreffs ihrer diene in aller Kürze folgendes:

In § 62 des Unterstützungswohnsitz-Gesetzes ist bestimmt:

"Jeder Armenverband, welcher nach Vorschrift dieses Gesetzes einen Hilfsbedürftigen unterstützt hat, ist befugt, Ersatz derjenigen Leistungen, zu deren Gewährung ein Dritter aus anderen, als den durch dieses Gesetz begründeten Titeln verpflichtet ist, von dem Verpflichteten in demselben Maße und unter denselben Voraussetzungen zu fordern, als dem Unterstützten auf jene Leistungen ein Recht zusteht" u. s. w.

Der zu dieser Gesetzesvorschrift erstattete Kommissionsbericht erläuterte dieselbe dahin:

"Daß der Armenverband durch Leistung der bundesgesetzlichen Unterstützung Kraft einer Cession in diejenigen Rechte des Unterstützten eintrete, vermöge deren der Letztere befugt gewesen wäre, die nämlichen Leistungen von einem andern, aus anderen, als den Titeln dieses Gesetzes Verpflichteten, zu fordern. Hierbei folge aus dem Wesen der Cession, daß das cedierte Recht nur in demselben Um=

lange und unter denselben Voraussetzungen geltend gemacht werden könne, als es dem Cedenten zustehe. Es folge aber aus dem Endzwecke der Bestimmung, daß der Einwand — es bedürfe der Unterstützung nicht, weil sie bereits thatsächlich gewährt sei — für ebenso unzulässig erklärt werden müsse, als der Einwand — der unterstützende Armenverband könne ganze oder teilweise Erstattung des Geleisteten von einem anderen Armenverbande verlangen — endlich sei es zweifellos, daß Kraft der Cession durch Gesetz der betreffende Armenverband nur den Ersatz des wirklich Geleisteten zu fordern vermöge."

An diesen Bestimmungen ändert das Bürgerliche Gesetzbuch Nichts, denn es ist in Art. 32 des Einführungsgesetzes vorgeschrieben, daß die Vorschriften der Reichsgesetze neben dem Bürgerlichen Gesetzbuch in Kraft bleiben und nur insoweit außer Kraft treten, als dies ausdrücklich vorgeschrieben ist. Eine das Unterstützungswohnsitz=Gesetz abändernde Bestimmung enthält aber Abschnitt II des Einführungsgesetzes nicht. Im Gegenteile schreibt Art. 103 des Einführungsgesetzes weiter ausdrücklich vor, daß auch die **landesgesetzlichen** Vorschriften in Kraft bleiben sollen, nach welchen der Staat, sowie Verbände und Anstalten, die auf Grund des öffentlichen Rechtes zur Gewährung von Unterhalt verpflichtet sind, Ersatz der für den Unterhalt gemachten Aufwendungen von der Person, welcher sie den Unterhalt gewährt haben, sowie von denjenigen verlangen können, welche nach den Vorschriften des Bürgerlichen Gesetzbuches unterhaltspflichtig waren.

Sehen wir uns daraufhin die **landesgesetzlichen** Vorschriften an, so finden wir, daß fast in allen deutschen Einzelstaaten die Armenverbände **mit ihrer Forderung des Ersatzes geleisteter Unterstützungen von den Unterstützten selbst und den privatrechtlich Verpflichteten auf den Rechtsweg** verwiesen sind, sie nur im Rechtswege bewirken und realisieren können. Eine Ausnahme von dieser Regel machen nur Bayern, Baden und die beiden Mecklenburg[1], welche dafür ein Verwaltungs= bezw. Verwaltungsgerichtsverfahren vorgeschrieben haben. Ja es gehen dabei die beiden letzteren Staaten soweit, der Erstattungsforderung, wenn sie gegen den Nachlaß des Unterstützten erhoben wird, die „Vorzüge einer Forderung wegen öffentlicher Abgaben" beizulegen. In diesen vier genannten Staaten wird es also nach § 103 des Einführungsgesetzes auch fernerhin bei dem vom Rechtsweg absehenden Verfahren zu bewenden haben.

Eine Prüfung des in den anderen Staaten vorgeschriebenen civilrechtlichen bez. civilprozessualen Verfahrens führt uns zu folgenden Ergebnissen:

a.

Wie aus dem vorausgeführten § 62 des Unterstützungswohnsitz=Gesetzes und dem erläuternden Kommissionsberichte ersichtlich, bildet die nächste

---

[1] Bayern, Ges., die öffentl. Armen= und Krankenpflege betr., v. 29. April 1869 Art. 5 u. 43. — Baden, Ges., die Armenpflege betr., v. 5. Mai 1870, § 5 u. 35. — Mecklenburg=Schwerin, Ausführungs=Verord. v. 20. Febr. 1871, § 5 u. 7. — Mecklenburg=Strelitz, Ausführungs=Verord. v. 20. Febr. 1871, § 5 u. 7.

Grundlage für die Berechtigung eines Armenverbandes, eine Erstattungsforderung erheben zu können, eine cessio ex lege. Nur soweit ihm das Gesetz die Berechtigung zu erkennt, in die dem Unterstützten gegen die privatrechtlich Verpflichteten zustehenden Rechte eintreten zu dürfen, nur soweit es ihm dieselben überweist, entsteht für ihn ein Recht bezw. ein Anspruch.

Nach § 1612 des Bürgerlichen Gesetzbuches ist der Unterhalt durch Entrichtung einer Geldrente zu gewähren und diese Geldrente ist nach § 760 Abs. 2 für drei Monate voraus zu zahlen.

Eine solche Vorauszahlung zu verlangen ist ein Armenverband nicht berechtigt. Der § 62 des Unterstützungswohnsitz-Gesetzes spricht ihm nur das Recht auf „Ersatz", d. h. um die Worte des Kommissionsberichtes zu gebrauchen auf das von ihm wirklich Geleistete, nicht auf Zukünftiges, zu.

b.

Nach § 1602 des B.G.B. ist „unterhaltsberechtigt nur, wer außer stande ist, sich selbst zu erhalten." Aus dieser Bestimmung folgt, daß, wenn ein Armenverband Ersatz seiner für einen Unterstützten gehabten Verläge von einem privatrechtlich verpflichteten Dritten fordert, dieser von dem klagenden Armenverbande vor allem weiteren Eingehen auf die Angemessenheit der gewährten Unterstützung in erster Linie den Nachweis verlangen kann, daß der Unterstützte außer stande war, sich selbst zu erhalten. Wenn man nun auch vernünftigerweise nicht so weit gehen kann, etwa den Einwand für stichhaltig zu erachten, daß der Unterstützte arbeitsfähig und daher die Pflicht des unterstützenden Armenverbandes gewesen, ihm eine entsprechende lohnende Arbeit zu verschaffen und zuzuweisen, so wird doch jeder mit den Verhältnissen auf diesem Gebiete nur einigermaßen Vertraute wissen, wie oft eine Armenbehörde selbst bei dem redlichsten Bemühen um eine pflichtmäßige gründliche Erörterung der Verhältnisse des um Unterstützung Nachsuchenden das Opfer bewußter Täuschung oder Verschleierung der Verhältnisse wird. Steht nun gewöhnlich die Sache so, daß der in Anspruch genommene Dritte um die Verhältnisse des Unterstützten in vielen Fällen besser und genauer Bescheid weiß, als der klagende Armenverband, daß er es aber nicht für seine moralische Pflicht und für wohlanständig erachtet, schon in Zeiten und bei Beginn der Unterstützung dem unterstützenden Armenverbande von seiner Wissenschaft Kenntnis zu geben, sondern daß er damit erst hervortritt, wenn er selbst in Anspruch genommen wird, so wird man ermessen können, mit welcher Vorsicht schon aus diesem Grunde ein Armenverband an eine solche Klageerhebung herantreten muß.

Gesetzt nun, die Hilfsbedürftigkeit des Unterstützten wäre insoweit vom Kläger erwiesen, daß sein Einschreiten angezeigt gewesen, so steht von seiten des Beklagten sofort der weitere Einwand in Aussicht, daß die an sich zwar notwendige Unterstützung doch eine unangemessen hohe gewesen, weil entweder der Unterstützte an sich mit einer geringeren Beihilfe habe auskommen können, oder weil er doch noch über einige Mittel bezw. Zuflüsse von dritter Seite zu verfügen gehabt, die der Unterstützer und Kläger hätte in Berücksichtigung ziehen müssen.

Doch damit sind für den Kläger die Klippen und Untiefen noch nicht zu Ende. Eine weitere und ungleich gefährlichere enthält

c.

§ 1603 des B.G.B. in seinem Absatz 1, der da lautet:

"Unterhaltspflichtig ist nicht, wer bei Berücksichtigung seiner sonstigen Verpflichtungen außer stande ist, ohne Gefährdung seines — — Unterhalts den Unterhalt zu gewähren."

Die Frage vermag hier wohl kaum zum Austrage gebracht zu werden: Wem der streitenden Teile fällt hier die Beweislast zu? Ist das Können des Beklagten ein Teil der vom Kläger zur Begründung seines Anspruchs dem Richter vorzuführenden und erweislich zu machenden Thatsachen, oder ist das Nichtkönnen eine Einrede des Beklagten, die dieser zu erweisen hat? Nehmen wir selbst das letztere als die für den Kläger günstigere Sachlage an, so bleibt demselben immer noch die sehr heikle, oft gar nicht, oft nur mit großen Mühen und Kosten und auch dann nur oft unvollkommen zu lösende Aufgabe, die vom Kläger für seine Behauptung angeführten und scheinlich gemachten Umstände und Thatsachen als nicht zutreffend bezw. nicht durchschlagend zu widerlegen.

Kommt dazu nun die von vielen Armenbehörden im Laufe der Jahre gewonnene Erfahrung, daß schon ein gewisses, sagen wir menschliches Mitgefühl mit dem Schwächeren in der Brust des Richters dazu führt, bei der Beweiswürdigung sowohl in den unter b, wie in den hier erwähnten Fällen das bonum arbitrium etwas mehr zu Gunsten des Beklagten sprechen zu lassen, der das Unterliegen naturgemäß härter empfindet, als die meist kapitalkräftigere Gemeinde, so wird sich jeder selbst die Frage vorlegen können, in wie vielen Fällen ein Armenverband die Hoffnung hegen darf, im Wege des Civilprozesses Ersatz seiner Verläge zu erhalten. Tritt nun zuguterletzt zu dem allen noch

d.

der Umstand hinzu, daß das früher in den meisten der Einzelstaaten den Armenbehörden bei der Prozeßführung eingeräumt gewesene Armenrecht weggefallen ist, daß somit ein Armenverband im Falle des Unterliegens für die gerichtlichen und außergerichtlichen Kosten aufzukommen hat und damit in die Lage gerät, das gute Geld, wie man zu sagen pflegt, noch dem schlechten hinterher zu werfen, so wird man es erklärlich finden, wenn von seiten unserer deutschen Armenbehörden nur in ganz verschwindend wenigen Fällen der Rechtsweg betreten wird, um Ersatz der Verläge von den privatrechtlich Verpflichteten zu verlangen.

Auf Grund des eben Ausgeführten dürfte daher betreffs des den Armenverbänden zur Erzielung eines Ersatzes ihrer Verläge in den Gesetzgebungen nachgelassenen und teilweis ausschließlich vorgeschriebenen Rechtsweges das bereits durch die Thatsachen festgelegte Urteil dahin lauten:

daß der Rechtsweg für die Armenverbände selten ein praktischer und gangbarer Weg ist und infolgedessen ihnen den ausgiebigen Rechtsschutz nicht gewährt, dessen sie gegenüber den ihnen auferlegten schweren Verpflichtungen notwendig bedürfen.

Die Sache hat aber eine sehr schwerwiegende sociale Bedeutung. Handelte es sich dabei nur um den finanziellen Verlust, den die Gemeinden bezw. Armenverbände erleiden, so möchte die Sache noch hingehen. Ungleich schwerer wiegen aber die moralischen Nachteile, die sich aus dieser Sachlage ergeben! Wer und was ist die Gemeinde, der Armenverband? Ist es ein mystisches Wesen, dessen Schatzkästlein sich, wenn es leer geworden, immer von selbst wieder füllt? O nein! es ist die Gesamtheit der Steuerzahler, die aus ihren Mitteln den Bedarf aufzubringen hat. Und unter diesen Steuerzahlern befinden sich unzählig viele in dürftigen und beschränkten Verhältnissen lebende, aber anständig und ehrenhaft denkende Leute, die trotz ihrer Dürftigkeit es weit von sich weisen, die Hilfe der Gemeinde in Anspruch zu nehmen und ihren Stolz darein setzen, Niemandes Hilfe zu bedürfen. Mit dem Steuerbewilligungs- und -beitreibungsrechte nimmt solchen Leuten nur zu oft die Gemeinde den schwer verdienten Bissen Brot vom Tische, um ihrer gesetzlichen Pflicht entsprechend für Verbindlichkeiten einzutreten, für deren Erfüllung in erster Linie Personen aufzukommen hätten, die auch bei nur einigem guten Willen zu dieser Erfüllung recht wohl in der Lage wären. Die Nachteile, die sich daraus ergeben, sind Verbitterung auf der einen, Frivolität und Verlust des Gefühles für Gesetz und Pflicht auf der anderen Seite. Beidem nach Kräften zu steuern, haben Staat und Gemeinde gewiß das vollste Interesse.

Von diesem Standpunkte aus haben nun Preußen, Braunschweig, Gotha, Anhalt, Meiningen, Rudolstadt, Waldeck, Reuß j. L., Lippe-Schaumburg und Schwarzburg-Sondershausen unter Vorbehalt des Rechtsweges für die einem Armenverbande bereits erwachsenen Verläge, für die ihm weiter in Aussicht stehenden und erst erwachsenden Verläge in ihren Ausführungsgesetzen zum Unterstützungswohnsitz-Gesetze ein Verwaltungsverfahren eingeführt, welches dahin konstruiert ist:

Ein Armenverband, welcher einen Hilfsbedürftigen unterstützen muß, hat das Recht, zu beantragen, daß die zur Unterstützung dieses Hilfsbedürftigen privatrechtlich Verpflichteten nach vorherigem Gehör durch einen mit Gründen versehenen Beschluß der Verwaltungsbehörde angehalten werden, diesem nach Maßgabe ihrer gesetzlichen Verpflichtung die erforderliche laufende Unterstützung zu gewähren.

Die durch solchen Beschluß getroffene Entscheidung der Verwaltungsbehörde ist vorläufig vollstreckbar. Sie kann aber von dem oder den Betreffenden entweder im Verwaltungswege mittels des Rekurses oder im Rechtswege mittels der Klage angefochten werden. Solange auf dem einen oder anderen Wege keine Abänderung erzielt wird, bleibt der Beschluß in Kraft und vollstreckbar.

Worin bestehen nun die ganz wesentlichen Vorteile dieses Verwaltungsverfahrens gegenüber dem Rechtswege?

Es sind folgende:

a) Durch dieses Verfahren werden die länger dauernden Unterstützungsfälle betroffen und das sind naturgemäß diejenigen, welche die

Armenverbände am schwersten belasten und auf seiten der Verpflichteten ebenso naturgemäß am ehesten die Neigung zur Verabsäumung der schwer empfundenen Nährpflicht wachrufen.

b) Durch dasselbe rückt der Armenverband vollständig in die rechtliche Position des Unterstützten insofern ein, als er gleich diesem auf eine Vorauszahlung der Unterstützung in Gemäßheit von § 760 des Bürgerlichen Gesetzbuches dringen kann, denn die privatrechtlich Verpflichteten sind eben gehalten, „nach Maßgabe ihrer gesetzlichen Verpflichtung" die Unterstützung zu gewähren, und zu ihrer Verpflichtung gehört die Zahlung in Gestalt einer Geldrente nach § 760.

c) Die Beweislast erfährt eine nicht bloß durchaus sachgemäße, sondern auch der Billigkeit entsprechende Regelung. Zunächst darf man wohl voraussetzen, daß die Wohnortsbehörde des Verpflichteten teils auf Grund des Gehörs der Beteiligten, teils auf Grund eigener Kenntnis und Erörterung der Verhältnisse des oder der Verpflichteten einen Unterhaltsbeitrag auswerfen und festsetzen wird, der nach beiden Seiten (sowohl nach der des Berechtigten wie nach der des Verpflichteten) den Anforderungen der Billigkeit entspricht. Erhebt der zum Unterhalt Herangezogene dagegen Rekurs oder Klage, dann hat er zu beweisen, daß er diesen Beitrag zu leisten nicht gehalten oder nicht imstande sei, und diesen Beweis kann man ihm viel eher ansinnen, als dem ihn in Anspruch nehmenden Armenverband, denn er führt diesen Beweis aus seinen Verhältnissen heraus, die er selbstverständlich besser kennt und besser darzulegen imstande ist, wie jeder Andere.

d) Die Armenverbände werden mit den mit dem Rechtswege verknüpften ganz erheblichen Kosten verschont und auch das Vollstreckungsverfahren vereinfacht sich, da es sich um eine Entscheidung der Gemeindebehörde handelt, die im Wege des kommunalen Vollstreckungsverfahrens zu erfolgen hat. Hierbei würde jedoch, damit auch das Vollstreckungsverfahren nicht Stückwerk bleibt, analog dem Vorgange Preußens vorzugehen und in den Einzelstaaten, die eine gleiche Vorschrift noch nicht besitzen, den Gemeindebehörden eine Zwangsvollstreckung in Forderungen und andere Vermögensrechte einzuräumen sein, wie sie die §§ 42 ff. der Preußischen Verordnung vom 7. September 1879 vorsehen. Ein Ausbau des Verfahrens gerade nach dieser Richtung erscheint unerläßlich, um die Armenverbände in den Stand zu setzen, einer frivolen Verweigerung der Nährpflicht durch schnell und straff durchgeführte Gehalts- oder Lohnbeschlagnahme beikommen zu können.

e) Als letzter, aber nicht unwichtiger Vorteil ist endlich die mit dem Verwaltungsverfahren zusammenhängende kürzere Dauer desselben zu bezeichnen.

Es erübrigt noch, aus dem vorstehend in aller Kürze Ausgeführten die sich ergebenden Folgerungen zu ziehen. Sie lassen sich vielleicht kurz dahin zusammenfassen:

1. Für diejenigen Staaten, welche für die Einholung gehabter Unterstützungsverläge bereits ein Verwaltungs- bezw. Verwaltungsgerichtsverfahren eingeführt haben, empfiehlt es sich, dafern sie es nicht vorziehen sollten, sich einem gemeinsamen Verfahren anzuschließen, das eingeführte Verfahren auch ferner beizubehalten.

2. Im Interesse einer möglichst gleichen Stellung der deutschen Armen=
verbände bezw. Heimatsgemeinden und im Interesse einer thunlichst
gleichen Gestaltung des Ersatzwesens empfiehlt es sich, daß in den
Einzelstaaten, wo es noch nicht besteht, neben dem Rechtswege für
bereits bewirkte Verläge (die sich bei rechtzeitiger Anwendung des
Verwaltungsverfahrens dann in bescheidenen und erträglichen Grenzen
halten dürften) ein dem durch § 65 fg. des Preußischen Ausführungs=
gesetzes zum Unterstützungswohnsitz=Gesetze vom 8. März 1871 geordneten
Verfahren analoges Verfahren eingeführt und den Gemeindebehörden
eine Vollstreckungsbefugnis in Forderungen und andere Vermögens=
rechte beigelegt werde.
3. Als wünschenswert ist es zu bezeichnen, daß das unter Nr. 2 ge=
dachte Verfahren in geeigneter Weise auch auf die Einholung bereits
bewirkter Unterstützungsverläge erstreckt werde.

Printed by Libri Plureos GmbH
in Hamburg, Germany